大我为先

罗乐风 ○ 著

北京大学出版社
PEKING UNIVERSITY PRESS

图书在版编目(CIP)数据

大我为先 / 罗乐风著. — 北京：北京大学出版社，2016.10
ISBN 978-7-301-27556-6

Ⅰ.①大… Ⅱ.①罗… Ⅲ.①服装工业 — 工业企业管理 — 经验 — 中国 Ⅳ.①F426.86

中国版本图书馆CIP数据核字(2016)第224429号

书　　名	大我为先 DAWO WEI XIAN
著作责任者	罗乐风　著
责任编辑	宋智广
标准书号	ISBN 978-7-301-27556-6
出版发行	北京大学出版社
地　　址	北京市海淀区成府路205号　100871
网　　址	http://www.pup.cn　新浪微博：@北京大学出版社
电子信箱	sgbooks@126.com
电　　话	邮购部 62752015　发行部 62750672　编辑部 82670100
印 刷 者	深圳市天鸿印刷有限公司
经 销 者	新华书店 880毫米×1230毫米　32开本　11.5印张　230千字 2016年10月第1版　2016年10月第1次印刷
定　　价	59.00元

未经许可，不得以任何方式复制或抄袭本书之部分或全部内容。
版权所有，侵权必究
举报电话：010-62752024　电子信箱：fd@pup.pku.edu.cn
图书如有印装质量问题，请与出版部联系，电话：010-62756370

推荐序 1

以己之道，惠及众人

> **柳井正先生**
>
> 日本迅销有限公司（Fast Retailing）
> 主席兼首席执行官
> 经营优衣库（UNIQLO）品牌

I would like to start by congratulating Mr. Kenneth Lo for publishing this great book presenting his business philosophy. It is a book that should benefit not only those who work in our industry but also all business people. Hong Kong is in a unique position, where you can dream of growing your business and make it happen. Mr. Lo has demonstrated and exemplified it all these years. He is a role model for all business people and he has showcased the degree of success you can achieve.

When I first met Mr. Lo, I was struck because I found his philosophy of building and managing business echoing mine.

I had never met anybody like him before. We share the same value of building trust and keeping promises as a value of utmost importance. On top of it, there was good chemistry between us and I found the time spent with Mr. Lo very stimulating. Obviously, we have gotten along well all these years.

I am convinced that this book should provide its readers with some new insights. I would like, in particular, to encourage young people to read this book, if they aspire to take on the challenges and opportunities in Hong Kong, Asia and around the world.

Tadashi Yanai

推荐序1　以己之道，惠及众人

【译文】

　　首先，谨此恭贺罗乐风先生出版这本阐释其经商哲学的书籍，相信无论对制衣业同行，还是对商界读者均有裨益。香港地位独特，乃经商者实现梦想之乐土；罗先生创业于斯数十年，既为成功的典范，亦能鼓励其他生意人见贤思齐，以其成功作为榜样。

　　回想初逢罗先生之际，已感惊讶，除因大家同样以诚信守诺为最重要的价值观外，在经商理念上，彼此竟有不少相通及共鸣之处！历年来，大家关系紧密、互相激励、合作无间。

　　我深信此书可以带给读者崭新的真知灼见。尤其推荐给怀有抱负，有志于在香港、亚洲甚至全世界寻找未来机遇及挑战的年轻人。

推荐序 2

有缘相遇，有幸相知

> **陈裕光博士**
> 大家乐集团前主席
> 传承学院荣誉主席
> 被美国《商业周刊》评为"亚洲之星"

像罗乐风先生这样成功的创业者本来就不多，像他这样认真写书的企业家更少，而像他这样开诚布公地分享其成功之道的就真是少之又少。

在我的人生旅程中，真可以用"有缘相遇，有幸相知"来概括我与罗先生的缘分。归根究底，我和罗先生来自两个不同的行业，但罗先生与我在企业文化建设、团队组建、运营管理等方面，都存在很多共同的挑战及相似的经历，有着一样的认知和共鸣。通过罗先生娓娓道来晶苑集团的建设过程，个中的人和事令我看到自身集团成长的历程，因此回味无穷。

推荐序 2　有缘相遇，有幸相知

曾经听人说过："当一个人的人生历练到达一定程度时，他的体悟也会有一定的深度。"罗先生的著作，记录的是他从自身奋斗中所体会出的商业见解与人生哲理。他所分享的每一个观点，无论是"大我为先"的企业文化、"以人为本"的用人之道、"中西合璧"的经营理念，还是"按部就班"的传承秩序，都值得我们细细品味，再三咀嚼。

罗先生所谈的"迈向世界第一"的经营理念，不单展现了其高瞻远瞩的战略眼光，务求将其夕阳工业转化为世界级的骄阳企业，更分享了他个人深刻领悟到的经商智慧，并归纳出员工、企业、家庭，乃至整个社会文明皆可奉行的核心价值观。今我有幸受邀为本书作序，深感自己与罗先生的管理哲学不谋而合，谨以最尊敬之心提笔为文与大家分享。

衷心向各位读者推荐这本书。从这本书中，我们不仅可以吸取罗先生一辈子的奋斗心得，也能学到他为人处世的态度：追求卓越，锲而不舍；亲情管理，利己及人；传承有道，用人唯贤。在商业管理领域，追求企业的永续发展是很多经营者努力的目标。通过罗先生的无私分享，相信读者可以从中学习到企业的生存法则及成功要素，定能有助于企业的永续经营，让香港未来出现更多的骄阳企业。

从事纺织业从来都不是一件容易的事，从事劳动密集型行业更是难上加难。而罗乐风先生现身说法，记录了晶苑集团建设企业文化的不平凡之处，揭开了关爱人才的神秘面纱，

分享了中西并融的领导风格。另外，本书所记载的不单是晶苑集团的故事，它既是香港企业的故事，也是每一位香港人引以为傲的故事，更是一个典型的白手兴家的不平凡故事。作为过来人，我以此为镜；作为企业管理者，我以此为鉴；作为香港人，我以此为荣。

陳裕光

推荐序 3

真知汇晶苑,字字宛如星

陈志辉教授

银紫荆星章获得者,太平绅士
香港中文大学市场学系教授、逸夫书院院长、
行政人员工商管理硕士课程主任

在香港,罗乐风先生是一位很受人尊敬的企业家。他凭借着可持续发展的竞争优势,为香港的制衣业打出了一片天地,也令人明白,原来环境、社会责任和企业的业务发展之间的矛盾可以化为共赢。

以"左右圈"的理论来看晶苑集团的成功,可以说是符合了"左圈带动右圈需求"的思维。所谓左右圈,是由一左一右两个圆形组成,左圈是指客户或市场的需要,右圈是指企业自身的能力,左圈和右圈重叠的地方,就是企业能满足客户或市场需要的优势所在。左圈和右圈重叠的范围越大,即代表企业越有能力满足市场需求;重叠越少的话,企业就

要思考如何改进,令自己变得更具市场竞争力。

以往在配额年代,客户最大的需求是生产商拥有配额,其次才是价格、品质、交货准时等,因此制衣企业都会尽力去争取配额,或者到市场购买,或者往有配额优惠的地方设厂生产,或者进军不需要配额的市场,等等。晶苑自比为游牧民族,逐配额而设厂,这正好反映出制衣行业的特色,但也因此局限了其发展的空间和规模。

自从配额制度取消后,制衣业开始面对全球性的竞争,不得不将注意力由配额的多少或有无,转移到实际的竞争优势上来。当然,价廉物美、品质上乘、应变迅速,绝对是竞争优势。然而,近年来,市场对制衣业的要求,已经远远超出这些。

目前,全球性的时装品牌,在企业社会责任方面面临合规要求,无论是媒体、非政府组织,还是当地政府,都非常重视环保、劳工、公平贸易等问题,这开始对跨国性的品牌造成压力。因此,品牌拥有人就需要由供应链开始,从生产、运输到销售,都引进可持续发展的理念。

然而,对于制造业而言,由走出配额的保护罩,升级到推行可持续发展,绝对不是一朝一夕可以达成的。当中牵涉的,不只是改变企业组织架构或引进相关政策的问题,而是团队能否妥善执行的问题。

晶苑集团正是因为有了罗乐风先生的领导,讲究"大我

推荐序3 真知汇晶苑，字字宛如星

为先"，注重"以人为本"，关心环境的大我需要，乐于与人为善，而且勇于改变，向卓越的管理者学习，才令晶苑建立起一片能培育可持续发展文化的肥沃土壤；在未正式确立可持续发展的企业经营理念之前，晶苑已经在日常运作中融合了与可持续发展异曲同工的思维和管理方式，因此晶苑要转型为可持续发展组织，就变得轻而易举。

当其他制衣企业仍在摸索如何走可持续发展之路时，晶苑已经能提供国际名牌厂商正在努力探索的可持续发展生产模式，加上晶苑的产品一向品质至上，生产效率也高，因此让品牌厂商能无后顾之忧，放心地与晶苑合作。这种合作关系，正好反映出左右圈的完美结合，令晶苑成为一家非常具有市场竞争力的企业。

其实，要成功推行可持续发展理念，必须先培养出重视可持续发展文化的团队。要成功推行文化，就必须善于管理"改变"，令团队对这种"改变"文化，能够做到"知、明、喜、行、惯"。所谓"知、明、喜、行、惯"思维，就是要做到公司上下都"知道"改变，继而"明白"改变的真谛，"喜欢"改变，从而"执行"改变，最后"习惯"改变，终日以改变为中心思想。

罗先生的成功之处，就是能身体力行地去推动企业文化，使其达到"知、明、喜、行、惯"的境界，将"大我为先""以人为本"，以至可持续发展的文化，通过多年的培养，令团队知道、明白、喜爱、执行，直到成为习惯，植根于日常运

作之中。

在罗先生的努力下,晶苑已发展成为一个学习型组织,公司上下都明白不应介意放弃眼前的短期利益,而要谋取长期的大我发展。因此,晶苑能顺利走出配额保护的舒适环境,发展潜力也就释放了出来。可以说,企业文化是晶苑今日得以成功的基石。

晶苑集团可以说是实行"左右圈"和"知、明、喜、行、惯"理论的最佳案例之一。

整理者序 1

意料以外,连番惊喜

严启明

Write4U.hk 平台创始人
香港市务学会前主席

协助罗先生整理这本书稿,就是要仔细地认识晶苑是如何从家庭式小厂房发展至数万人的大企业的,罗乐风先生又是如何从个人的信念开始,影响团队万众一心,达到世界最大规模这一理想的。罗先生认为,他为社会及可持续发展出一分力,别人也应该可以做到,从影响企业数以万计的员工开始,到影响其他企业,渐渐地影响整个行业乃至全世界。

我们的工作,原是要"找出一些经营理论,好让后学借鉴"。说实在话,我最初以为晶苑是一家传统企业,其成功多少有赖运气;但工作下来,我才发觉晶苑不但走在了很多企业前头,更成为世界上数一数二的制衣业龙头。晶苑的策略具有前瞻性、行为具有团队精神、执行着重成本效益,单

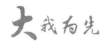

此三点，就值得不少企业学习。

当初我们以为难以寻获的"理论基础"，没想到在晶苑俯拾皆是，我们把晶苑的发展与经营理念归纳为七大章，包括：

一、里程：叙述晶苑在罗先生的领导下的奋斗历程，特别是晶苑如何在环境转变中采用不同的策略应对。

二、理念：总结罗先生的管理理念，叙述晶苑企业文化的诞生及如何从实践中学习新事物。

三、借鉴：叙述晶苑作为学习型企业，谁是它的效法对象，如何学有所成。

四、团队：叙述如何寻找及培养人才，甚至是再下一两代的人才。有了人才，才能组建一支高效的团队。

五、运营：特别强调以终为始、科技为先、产销合一、品质文化、稳健理财等各项理念。

六、永续：详述晶苑对社会的承担，可持续发展理念及实施情况，如何借此打造竞争优势。

七、传承：叙述罗先生对传承的独特看法，以及如何为以后两代定下接班人。

每章再细分数节，全书接近30节，各有不同话题。全书内容丰富、全面，把罗先生及晶苑的管理理念说得清楚明白。

罗先生认为，社会与家庭、企业与员工、上司与下属，以至夫妻、父子、兄弟，甚至人与电脑之间，都是矛盾丛生的。他提出的管理理念，以及"大我为先""以人为本"等核心价值观，曾长期得不到高层员工的真心支持。至于如何解决矛盾，打造出一支团结一致，努力为公司迈向世界第一目标打拼的团队，书中花了不少篇幅进行详细介绍。

阅读本书时，相信读者会与我一样在意料之外感到惊喜连连。单是第一章内，读者便能读到以下内容：

- ◆ 罗先生未满 10 岁，已遭逢第一次生意失败！
- ◆ 晶苑第一次接到大订单，却差点儿陷入危机！
- ◆ 晶苑员工在非洲毛里求斯如何生活？
- ◆ 罗先生受谁的影响要把晶苑企业化？
- ◆ 日本客户交给晶苑几乎无法完成的任务，晶苑如何通过考验？
- ◆ 晶苑在马达加斯加内战中损失过亿元，前因后果是什么？
- ◆ 晶苑从什么时候开始进军内衣制造业？
- ◆ 世界第一的宏愿从何而来？

其他章节，则偏重于论述罗先生经营理念的由来，为什么要推行这一理念，执行时遇到哪些困难，又是如何克服的，最后有何结果，等等。一书在手，相当于通晓了数十项管理

思维的前因后果。

如果您是普通读者,您会读到一部世界级企业的成功史;如果您是管理人,您不能不花些时间学习其中的理念及智慧,其精妙之处超乎你的想象;如果您从事制造业或人事管理,这是一本极为罕见的高阶教科书;如果您想在自己的企业中推行可持续发展理念,投资环保设备,或有意把生意传给下一代,这本书则能给您宝贵的经验与启发,使您少走很多弯路。

我们 Write4U 公司有幸与文振球先生合作共同协助完成本书,衷心感谢罗先生及各位晶苑同事的努力,恭贺晶苑46年来获得的辉煌成就,并向所有读者郑重推荐本书。

整理者序 2

"大我为先",感人以善

文振球

传信人间有限公司创办人及公关顾问总监

  我有幸协助罗乐风先生整理本书,因此有机会深入了解罗先生的管理理念、经商哲学、处世作风,实在获益匪浅。

  过去一年来,我走访了晶苑集团在香港、内地,以至在越南的办事处,与上、中、下各阶层的同事会面。我听得最多的一句话,是"以人为本";感受最深的理念,是"大我为先";大家印象最深刻的,是罗先生夫妻恩爱。罗先生虽身为老板,却毫无架子、待人以诚,事事亲力亲为。

  "大我为先",只是对罗先生经商理念的一个具体化总结,这背后其实是他的一颗善心。

  他待众人以善、待家庭以善、待世界以善,因此才会先想别人再想自己,先顾世界再顾利益,凡事以大局为重,亦

以身作则，鼓励身边众人一起大我为先。

事实上，与罗先生相处日久，我也受到感染，在做决策时，亦不免想起大我为先、以人为本、以客为尊、以终为始等理念。

我上大学时主修中国语言及文学，曾供职于一家有近百年历史的中资银行，深受中国传统经商哲学的熏陶，故极为认同罗先生讲求诚信、注重人情，又能以客为尊的经商哲学。

事实上，在商场上，无信不立！

一次不忠，可陷人于不义；一次失信，可令企业苦心经营数十载的名誉，一朝尽丧。

相信从事公关的朋友，对此感受更深。因此，无论是企业宣传、产品推广、形象包装，还是危机管理，均只能基于事实，可作正面包装，但绝不能弄虚作假。

入行逾25载，创业亦12年，接触过无数的CEO（首席执行官），我发现越高级的管理人员，为人越谦和。大概是因为大家都乐意与谦和的人合作，因此谦和的人更易得到提拔；或者是因为团队由人组成，制度由人执行，业务由人推动，因此"人和"是高级管理人员或企业家的必备条件。

罗先生奉行以人为本，不仅自己能缔人和，更能影响公司上下共同实践，令人印象深刻。

常言道，有人之处，即有江湖。多年来，我耳闻目睹不少办公室政治及权力斗争，遇事人人必先自保，名曰问责，实乃祭旗，习以为常。然而，晶苑却能建立无疆界的和谐企业，

整理者序2 "大我为先",感人以善

遇事对事不对人,以解决问题为先,团队上下一心,勇于尝试及创新,习惯变革亦能终身学习,因此我感到非常值得向其他企业介绍个中秘诀。

在整理本书的过程中,虽历经多次改动,我却从不以为苦。因为,能将一个成功企业家的心路历程完整展现,能将一个自己也非常认同的经商理念发扬光大,能鼓励商界中人拥有改变自己、改变企业、改变世界的理念,将可持续发展的益处向商界普遍推广,成为一名传递正能量的使者,实在别具意义。

古人赞许"立功、立言、立德",罗先生能先立德,再立功,今又立言,我能参与其中,实在与有荣焉。

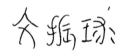

作者序

制衣业是夕阳行业吗?
罗乐风

为何有人说制衣业是夕阳行业?

从上个世纪80年代开始,制衣便被认为是"夕阳行业"。因为当时电子业在香港蓬勃发展,导致制衣厂招工困难,于配额限制下,发展受限;加上实业需要勤奋苦干,致使企业经营艰难。即使是业内友人,也常慨叹制衣业已成夕阳行业;至于其他行业,却从来无人视本业如此。难道制衣业真的没有前途了吗?

我个人认为,此说不过是把自己未能妥善处理的问题,归咎到行业本身罢了。

如果非要说制衣业是夕阳行业,则实属观点与角度的问题。衣、食、住、行均是日常所需,全球有数十亿人,这是一个大市场。只要做好自己,与时并进,透视未来,以终为始,规划好自己的前途,一样可以夕阳变骄阳。

世上从无所谓夕阳行业,有的,只是夕阳管理。

如果用一句话描述晶苑的经营理念,相信公司上下均会异口同声地说是"大我为先",我也经常以这句话劝勉身边的人。只要大家都心存大我，放弃小我的短期利益，以求取客户、团队、公司、社会、国家，乃至世界环境的大我利益，将来定会有所回报。

我认为，身处不同环境，面对不同问题，遇上不同人等，只要大家愿意适应环境，灵活变通，能以水为师，见圆成圆、见方成方、遇热化气、遇冷为冰，做到"上善若水"，与人为善，再加上"大我为先"的思维，必能影响到身边的团队，使其上下一心，获得出路和机会。

1970年，当时我年仅二十多岁，决定与太太自立门户，创办了晶苑织造厂，后发展成晶苑集团。创业之途，由两个人、七十多名员工、几台缝盘机、几台织机起步，殊不容易。

经过这46载的经营，集团运营遍及6个国家、20多个地区，聘用逾6万员工，生产量更历年递增，2014年年产量逾3亿件成衣。随着集团规模日益壮大，于全球市场的占有率日渐提高，影响力也逐渐增强。

企业处在不同阶段，所思所虑均有不同：起步时力求生存、站稳阵脚；及后再思如何稳定发展、持续增长；近十年来，转而考虑永续经营——既有企业领导之接班传承，亦求经营模式之持续发展，更要重视各方合作伙伴的长远关系。

企业如果只从赢利角度出发，便会想方设法捞取利润、锱铢必较。结果则是，员工会不胜压力而采取消极态度甚至离开，供应商会觉得条件太苛刻而放弃合作，客户会因为品质或服务不符而抱怨。为了持续压低成本，可能还会出现非法占用

资源、偷排污染物,危害环境的情况。企业因利失义,或可得意一时,却会被人称为"无良雇主""黑心企业",且一出问题,失道寡助,积怨者众,无人雪中送炭,只会落井下石,恐易招致倒闭厄运。

此非晶苑所应为。

若欲永续经营,其路径应如何?我年少时生活艰辛,经验所得,要改善生活必先改变自己;当具足够条件时,更应帮助他人。有此心思,遂发奋图强,冀望能脱贫致富,进而助人助己——制衣业乃劳动密集型行业,获聘者众,能助人就业,使其有尊严地工作,自力更生,"以人为本"便成为经商管理之宗旨。

欲创造更多就业机会,必须提升营业额。经营规模扩大后,除了一如既往,关注社会转变、科技发展、宏观经济、政治气候、当地民生外,更需要随时代变迁,留意环境保护及可持续发展。

中国加入WTO(世界贸易组织)、全面取消配额、欧美市场增加向亚非国家采购、电子商务兴起、环境保护团体对世界各国减碳呼声持续、IPCCC(国际性能计算与通信会议)报告论及全球气候变暖的威胁、欧美国家对发展中国家施加关注环保的压力……这些因素均对制衣业带来全新的机遇与挑战。

我先让管理层从承诺开始,而后传达集团上下,以"可持续发展"作为未来方向,冀望集团上下员工同心前航;定

作者序　制衣业是夕阳行业吗？

下量化目标后，再一步步完成。

为了打消管理人员对环保及可持续发展有损投资回报效益的顾虑，我特地选择了传统上被视为较高污染及高耗能的牛仔裤工厂作为"模范工厂"——如果牛仔裤工厂都能成功，其他产品就会有更大的动力去做好！这样，我们的成果就能够从一家工厂复制到另一家，一传十再十传百，令行业的环保工作做得更好，然后影响更多的企业，最后影响到全行业、全世界。

2016年，一个令全集团上下振奋的好消息传来。美国《财富》（Fortune）杂志在全球范围内评选出了"50家改变世界的企业"。在这个榜单中，晶苑集团位居第17位，是所有亚洲获奖企业中排名最高的。《财富》杂志盛赞晶苑牛仔裤厂的环保生产理念，以及为基层女工提供培训、提升她们个人综合素质的做法。这次得奖，证明晶苑"改变自己，改变企业、改变世界"的理念，得到了国际上的认同，对晶苑而言，绝对是策励向前，继续自强不息推动可持续发展的动力。

晶苑与香港制衣业一同成长，经历过无数大大小小的波折，有幸能成为不少名牌客户信赖的业务伙伴，当中的成长和发展，就是我们如何将制衣业由人人口中的夕阳工业，发展成现在每年营业额逾百亿港元，将夕阳变骄阳的奋斗故事。

本书论述一己理念，以及管理和执行之关键，冀望你也能借此改变自己、改变企业，最后改变世界！

XXI

目　录

第一章　里程：从无到有，让夕阳变骄阳

一、成长期的历练 / 003

　　人生首逢败绩 / 003

　　经商生涯始于 14 岁 / 008

　　不怕吃亏添人缘 / 011

　　设厂进军毛衫制造行业 / 014

二、创业期的艰辛 / 017

　　创业幸有贤内助 / 017

　　"不成功便成仁"的危机 / 020

　　阅读链接：重诚信是长期的竞争优势

　　　　　　——罗蔡玉清（Yvonne Lo，晶苑创办人、现任副主席）

　　　　　谈初期晶苑 / 023

　　逐配额而设厂的岁月 / 024

　　阅读链接：毛里求斯三剑侠

　　　　　　——刘炳昌（Sherman Lau，晶苑集团首席顾问）谈在

　　毛里求斯的那些年 / 026

三、企业化变革之路 / 028

中美合资，于内地设厂 / 028

向企业化管理进发 / 032

居安思危，发展日本市场 / 035

阅读链接：向日本人学习品质第一
——黄星华谈优衣库的考验 / 038

四、成为世界第一制衣企业的宏愿 / 040

学费高昂的一课 / 040

收购英商马田，开展内衣业务 / 043

阅读链接：向马莎百货说"No！"
——劳伦斯·沃德（Lawrence Ward，前英国晶苑马田国际行政总裁）谈晶苑收购马田 / 046

晶苑的转折之年 / 049

第二章 理念："大我为先"，建立企业核心价值观

一、"大我为先"，以人为本之理 / 055

"大我为先"，以人为本 / 055

修身律己，以水为师 / 059

消弭矛盾，解决有道 / 062

改变自己，改变世界 / 064

XXIII

二、水滴石穿，构建企业文化之途 / 067
　　拨乱反正，老板不再独裁 / 067
　　针对窘局，推行核心价值观 / 069
　　阅读链接：晶苑集团八大核心价值观 / 072
　　十载耕耘，终见其成 / 074
　　建立无疆界组织 / 077
　　阅读链接：无疆界文化，成就今日晶苑
　　　　——刘炳昌谈第八项核心价值观 / 079

三、弃旧立新，专业化管理之道 / 080
　　实施个人责任制 / 080
　　转变管理方式，由推变拉 / 082
　　成立董事会，增强企业管理水平 / 085
　　阅读链接：晶苑成功转型基于企业文化
　　　　——安东尼·格利菲斯谈晶苑文化 / 088
　　结语：立志成为世界第一 / 090

第三章　借鉴："以专为业"，向卓越学习

一、建构学习型组织 / 095
　　虚怀若谷，效法卓越 / 095
　　鼓励勇于尝试的团队 / 098

二、取法管理学大师 / 100
　　柳井正之经营理念 / 100
　　阅读链接：柳井正先生谈未来制衣业
　　　　——2014年12月19日，在柳井正先生办公室的访谈
　　　　　　　　　　　　　　　　　　／ 104
　　阅读链接：输钱不输阵，承担建互信
　　　　——周健瑜（Iris Chow，晶苑集团T恤及毛衫部营业
　　　　及运营副总裁）谈与优衣库的合作 / 108
　　高效能人士的七个习惯：晶苑人之共同语言 / 109
　　平衡计分卡：规划实践之工具 / 112
　　管理智慧：通用电气之三大启发 / 114
　　工业工程：数据化生产方式 / 118
　　世界级管理模式：取法贤能，精益求精 / 120

三、推行电子化的历程 / 123
　　解决电子系统与企业间的矛盾 / 123
　　SAP系统：电子化政策之转折点 / 126
　　全晶苑人奋战的时光 / 129
　　选用先进系统之理念与心法 / 132
　　SAP应用获奖，达致世界第一 / 135

第四章 团队:"以人为本",注重培育英才

一、"以人为本"的团队文化

晶苑人的"基因"内蕴 / 141

阅读链接:晶苑征才、用才和育才之道
——王志辉谈个人体会 / 144

同分享、齐关怀、共成长 / 147

阅读链接:中山益达牛仔裤厂以人为本的故事
——雷春(中山益达宣传部经理)讲述亲身经历 / 151

阅读链接:马来西亚关厂志
——黄绮丽(Tina Wong,晶苑集团T恤及毛衫部助理总经理)忆述告别马来西亚工厂 / 152

二、工作应有之态度 / 154

享自主权,正面担责 / 154

领导之道,以人为本 / 156

遇到问题,恰当解决 / 158

三、人力资源策略 / 160

未雨绸缪:纾解人力资源危机之道 / 160

阅读链接:晶苑未来需要多少人才?
——罗正亮谈晶苑的人才需求 / 163

矩阵架构:各人力资源部分工合作 / 164

工资政策：善于设定目标收入 / 166
　　工作表现考核：以目标为本度量绩效 / 168

四、广纳及培养人才 / 171
　　聘储备生：培养未来接班人 / 171
　　领导人发展培训：栽培中高层接班人 / 174
　　"个人提升与职业发展计划"：让基层女工能力增值 / 178
　　阅读链接："个人提升与职业发展计划"学员的心声 / 181
　　阅读链接：办公环境亦可为荣
　　　　——罗正豪（Howard Lo, T 恤及毛衫部高级副总裁）
　　谈统筹大楼规划之理念 / 183

第五章　运营："以终为始"，成就现代化管理

一、总部放权，鼓励自主 / 187
　　小总部，大放权 / 187
　　数据化管理，透明指数高 / 190

二、科技增值，势之所驱 / 193
　　运用科技：三大核心价值观 / 193
　　科技无处不在 / 196
　　阅读链接：借科技走向未来
　　　　——丁自良谈晶苑之科技应用 / 198

XXVII

三、产销理念，精益求精 / 202
　　生产文化：精益生产结合六常法 / 202
　　工业工程：构建产能标准 / 205
　　优势分工：环球厂房之生产策略 / 209
　　超级工厂：未来发展之所在 / 212
　　产销合一：视公司生意为己业 / 214

四、稳健理财，避免危机 / 218
　　理财哲学：以稳健为原则 / 218
　　危机意识：居安思危，防患于未然 / 220

五、品质文化，运营之本 / 223
　　品质为本：一次准确做到 / 223
　　品质制胜：达致零瑕疵 / 226

第六章　永续："以客为尊"，秉承可持续发展理念

一、永续理念 / 231
　　可持续发展理念：由萌芽到开花结果 / 231
　　3P 共赢 / 235
　　经商非零和游戏 / 237
　　提高标准，持续进步 / 239

二、永续策略 / 242

可持续发展理念 / 242

从硬件投资到长远制胜 / 245

阅读链接：打造节水型企业

——王志辉谈中山益达牛仔裤厂的滤水系统 / 248

全面创新成为新常态 / 250

由优良品质到良心品牌 / 253

既是员工，亦是家人 / 256

成就优秀的"企业公民" / 259

三、永续文化 / 263

可持续发展理念——"大我为先" / 263

阅读链接：一位伟大企业家的360度感染力

——赵玉烨（Catherine Chiu，晶苑集团品质及可持续发展部总经理）谈罗先生的可持续发展哲学 / 266

成为可持续发展的代言人 / 269

四、永续协作 / 271

可持续发展理念：一加一大于二 / 271

阅读链接：晶苑是"可持续时装"倡导者

——世界自然基金会香港分会行政总裁顾志翔先生对晶苑之评价 / 273

创造可持续发展的无限商机 / 274

五、展望：迈向世界第一 / 276

成为永续经营之企业 / 276
荣膺《财富》杂志奖项，亚洲企业排名第一 / 278
让夕阳变骄阳 / 280

第七章　传承："以贤为继"，开启永续经营

一、企业传承，选贤与能 / 285

传承之道：力避家人与公司捆绑 / 285
薪火相传：挑选合适的接班人 / 287
继承人选：及早建立接班梯队 / 290

二、培养接班人梯队 / 293

参与态度：鼓励但不强迫 / 293
阅读链接：梦想研制火箭的工业家
——罗正亮谈加入晶苑后的心路历程 / 295
家庭会议：奠定传承的规则 / 297
阅读链接：长子非钦点，继承非必然
——罗正亮谈家庭会议后的感受 / 299
发展之路：不懈努力，目光长远 / 301
阅读链接：师承家父，身体力行
——罗正亮谈父亲的言传身教 / 304

    隔代传承：第 2.5 代接班人 / 305
    阅读链接：第 2.5 代传承人
    ——罗正豪谈自己的心路历程 / 307

三、高瞻远瞩，永续经营 / 312
    环球运作：分公司传承重本土化 / 312
    退休角色：充当危机守门员 / 314

附录 1：商业伙伴论晶苑 / 316

附录 2：晶苑人谈晶苑 / 322

跋：兼容并蓄，获益良多——向曾启发我者致意 / 328

鸣谢 / 332

第一章 里程：

从无到有，让夕阳变骄阳

一、成长期的历练
二、创业期的艰辛
三、企业化变革之路
四、成为世界第一制衣企业的宏愿

大我为先

一、成长期的历练

人生首逢败绩

> 当年的生活虽然艰苦，但也锻炼了我的打拼精神。现在遇事不怕艰难、勇于承担责任的性格和胆识，正是那时萌芽的。

初到香港，生活维艰

"大我为先"，是我的人生座右铭。晶苑创业数十年来，皆以信经商，以智管理，以仁处世，勇于尝试，遂得以为公司建立声誉，为管理提升效率，为团队构建文化，并成为以迈向世界第一为目标的制衣企业。

待人处世，应常存"大我""小我"之心。因此，我常以别人的需要为先，务求和谐共处，更不喜憎恶别人，因为此举无助于解决问题。而且，整天算计别人如何不仁不义，亦徒令自己不快，倒不如宽以待人，对己对人都有好处。

此种作风，乃经数十载人生历练所陶铸，由千百次错误中学习而来。

至于我的人生历练，就要由我初到香港时说起。

记得那是1950年，我五六岁时，和爸爸一起到香港生活，在马料水附近开设农场，而妈妈和弟弟妹妹则留在内地。

当时生活维艰，我没有入学读书，只由爸爸教我认字，平时就在农场工作。爸爸每月徒步往大埔墟一次添置日用品，也只有这天，我们才有机会一尝肉味。平日我们都是以豆豉和自家种的蔬菜佐膳，以猪油和豉油拌饭。只是当时年纪尚少，不觉其苦，还自得其乐。

记得有一次，我要独自往大埔墟，一个人沿着长长的火车轨道徒步前行。由马料水到大埔墟，路上要经过一条又长又暗的隧道。那时的火车是烧煤的，由隧道走出来时，我满脸都会蒙上一层漆黑的煤屑。在隧道内行走，还时刻担心遇上火车驶过，幸好最终也能顺利走完全程。现在回想，当时年纪虽轻，却已有点儿胆量。

农场养鸭，首逢败绩

到八九岁时，我在爸爸的农场里弄了两块田，开辟了一个小园圃种辣椒，还养了30只小鸭子。我经常对人说，自己是在不断失败中学习的，而我人生中的第一次败绩，就是来

第一章　里程：从无到有，让夕阳变骄阳

自这群鸭子。

我每天都会带小鸭子们往河边觅食，看它们摇摇摆摆地列队前行，颇为有趣。然而在养殖期间，小鸭子有的不幸被蛇捕食，有的走失，有的病死。到最后，30只小鸭子中只有一只长大，真可以说是相当失败。

吃救济饭，读扶贫书

在农场居住了三年左右，妈妈携同弟弟妹妹们由广州来香港，爸爸就关了农场，我们一家六口便迁居九龙石硖尾山边的木屋区。

上个世纪50年代，香港社会人浮于事，向上奋斗的机会很少，人们普遍生活艰难，工作待遇甚差，有些职位甚至没有工资，只提供早晚两顿餐饭，但亦有人肯去做。农历新年时，基本上不会发放双薪或奖金，有些老板会给员工一点儿赏钱，用来理发和添购衣物，但金额也不多。

爸爸在广州时是政府公务员，来到香港后，无论学历和工作经验都不被承认，连托人找一份巴士拉闸员的工作，也徒劳无功。他也想过和人合作做制衣生意，最终以失败收场，只好接一些外发的家庭式手工制作，以供一家糊口。

后来生活实在困难，父母决定送我和弟弟妹妹去往调景岭，与他们分开居住。该处住了不少国民党军眷，俗称"难民营"。那时，军眷家庭有联合国的救济，我们每个月只需

付几块钱,便可从军眷家庭买到一个月的救济饭票。因为当时我们年纪还小,一张票领来的饭菜分量,已足够我们每日两餐。

当时,我们居于寮屋(非法占地而建的临时居所,通常相当简陋),以沥青纸为壁,虽说有门,但任何一个方向都能进出。房内没有厨房、书桌,只有一张床,可谓家徒四壁,但也因此不用担心治安问题。记得每逢台风来袭时,我们就要以绳索绑系屋顶,以免被烈风卷走。

大家连一双鞋也没有,上学时要赤脚走路,幸好念的是天主教扶贫学校,所以学费和书本费全免,还有免费文具使用。

虽然生活条件差,但衣食住行算是勉强解决,大家相依为命,却能养成自立精神。照顾弟弟妹妹的责任,当然是落在我这个大哥身上。

借贷度日,跋涉探亲

那时经济环境差,物资缺乏,一张棉被也可典当。我们四个孩子的生活费,部分是父母向亲戚朋友借来的,有时也需靠典当度日。当时大家都习惯了守望相助,所以没有遭人白眼的感觉。

每个月我都会独自返回石硖尾探望父母,顺便拿生活费。回家的路程相当崎岖,要先由调景岭走山路到鲤鱼门,再坐渡轮往西湾河,然后坐电车,再转渡轮往深水埗,到达深水埗码头后再步行往石硖尾。换言之,每一趟不论来还是回,穿山越岭、舟车劳累,总得花上六七个小时。

早上出发去石硖尾时天还未亮,到达后不敢多做停留,即由石硖尾返程,到调景岭时,已是晚上七八时了。当时,鲤鱼门与调景岭间只有山路,两旁山坟遍野,沿途还有狗吠声此起彼落、风声扑扑簌簌。当时我只有10岁左右,虽然明知回程的路不易行,说完全不害怕是骗人的,可是别无他法,只好硬着头皮前行。

就这样,我在调景岭生活了好几年,念书成绩也不见得怎样出色,小学未正式毕业便停学了。十三四岁时,我们就迁回父母身边一起居住。之后,五弟及六弟也相继在香港出生。

锻炼胆识,承担责任

当年的生活虽然艰苦,但也锻炼了我的打拼精神。现在遇事不怕艰难、勇于承担责任的性格和胆识,正是那时萌芽的。

而且,就算如何受苦,其实也都是为家庭着想。如果我们几兄妹不肯远迁调景岭,父母根本就没余力照顾我们。既然我能照顾弟弟妹妹,又何必加重父母的负担,增添全家的压力?

经商生涯始于 14 岁

> 走过了贫穷岁月,我对为生活奔波的基层生活有了很深刻的体会。当年香港几乎毫无福利,大部分的家庭都要咬紧牙关,自力更生,后来渐渐发展成勤奋向上、不怨天、不尤人,也不会动辄将困难归咎于社会的"狮子山精神"[1]。

赢的抱负,勤的榜样

从 14 岁开始,我便协助父母打理生意。上个世纪 50 年代,香港工业才刚起步,其时为维持生计,妈妈去工厂接一些外发的手工制作回来,全家总动员去做,主要是手套加工,如钉珠、绣花等手工艺。

爸爸博学能干、交游广阔,又能言善道,交朋结友无往

---

[1] 狮子山精神:指香港 20 世纪七八十年代催生出来的一种家庭、工作的价值。这种价值可见于和谐家庭以及肯捱肯干的精神。

第一章　里程：从无到有，让夕阳变骄阳

不利。他从小教导我们要融入社会生活，每逢时节，甚至会和我们打纸牌取乐，待子女如朋友一般。处理事情上，他乐于授权，事务交付我们后，就很少过问细节。不过，给我印象最深的，是他胆识过人。我曾目睹他在农场内赤手擒毒蛇，他也试过与村民合力围捕大蟒，全程面无惧色。

爸爸经常向我们宣扬"大罗家主义"，自信罗氏成员都有"赢"的基因，定非池中之物，因而自小培养我们的自信和抱负。事实上，今天我们六兄弟姊妹都能独当一面，事业有成，可谓不负所望。

妈妈受过高等教育，待人接物有礼得体，全无乡土气息，而且工作效率颇高。她既恪尽母职，又为生意打拼，夜以继日地辛勤工作，往往每晚睡眠不足三四小时。

当时，妈妈负责从手套厂取外发的手工制作品，我先跟随学习，学懂后就改由我负责接洽。因为生产规模小，取得一至两家工厂的稳定生意，就足以维持一家生计。

无论是爸爸还是妈妈，都不会以管束命令的方式教育我们，也从不说教，只是不断地鼓励，让我们自由发挥。我从爸爸身上学会了"赢"的抱负，并以妈妈的勤奋工作为榜样。我很感谢他们对我的信任，让我协助他们打理生意，这对我日后的事业发展，影响极为深远。

大局之心,自知之明

1953年圣诞节,石硖尾木屋区发生大火,父母租住的小木屋也付诸一炬。灾后,政府兴建了两层高的临时徙置区(出租公共房屋)让灾民暂时栖身。住了一段时间后,我们又被安置到俗称"七层大厦"的贫民区。"七层大厦"没有电梯,要在门外走廊煮食,厕所和浴室都是公用的,环境虽非理想,但总算有瓦遮头,无惧天灾。

缅怀童年,走过了贫穷岁月,我对为生活奔波的基层生活有了很深刻的体会。当年香港几乎毫无福利,大部分的家庭都要咬紧牙关,自力更生,后来渐渐发展成勤奋向上、不怨天、不尤人,也不会动辄将困难归咎于社会的"狮子山精神"。

而由木屋、徙置区到"七层大厦",我们一家仍是靠接外发的手工制作糊口。

在环境的磨炼下,除了培养出遇事不计较的性格外,我也养成思考"如何能把事情做得更好?"的习惯。每当遇到问题时,我只会优先考虑如何能解决问题、办妥事情,而不会先考虑自己的利益。

第一章　里程：从无到有，让夕阳变骄阳

不怕吃亏添人缘

> 人际关系良好，在任何环境下都有一定优势。

有求必应，人人乐助

经商处世，人际关系圆融，人脉网络通达，自能得道多助，事半功倍。

家庭手工作坊由爸妈负责生产，销售由我独自承担。当时，我年仅14岁，跑工厂接单却能无往而不利，生意从来不缺，只因善用"人缘"。

由于我为人不怕吃亏，前往接单时，客户职员甚至厂内技工，都会托我买些茶点杂货。尽管明知技工们并无外包生意的决定权，但我一心想建立良好的人际关系，只要别人觉得开心，也乐于有求必应。因此，我深受大家欢迎。他们认为我态度诚恳，不会斤斤计较，自然也乐意尽力帮忙，有订

单就会先留给我，渐渐我就不愁生意了。

人际关系良好，在任何环境下都有一定优势。

外包减负，规模渐长

由于能广结人缘，我们的订单数量稳增，生产规模渐长，于是开始转型为分包商，接单后先作加工，再将外包工序如钉珠、绣花等外发给家庭主妇，从中赚取利润。

父母专注于生产准备工作，其他事务均由我独自承办。生意增加之际，工作量亦大增，对于我的个人能力，每天都有新的考验，其中耗力最多的为送货。

每当从工厂接到订单，我会先将物料搬回家中工场。那时虽有帮工，但生产上已经人手不足，又恐怕赶不及出货，因此搬运工作多是我亲力亲为。

记得当时手套加工每次要取数十打物料，货品重逾数十公斤，加上一箩箩的配件，搬上搬下，对于年少的我而言，绝不轻松。

手套经加工后，就要靠一辆车身颇高的脚踏车代步，将半成品送到接我们外包工（非正式员工）的家庭主妇处再加工。由于货重车高，骑车时往往险象环生。记得我还曾因超载被警察逮捕，最后是爸爸把我从警察局保释出来的。

好不容易抵达外包工的住处，又要将货品扛上去，遇上住在天台或山上者，所费的气力就更大。赶货期间，大家往

第一章　里程：从无到有，让夕阳变骄阳

往通宵达旦，我也曾试过凌晨三点到外包工处收货。山上常碰上野狗，初时不免心慌意乱，后来找到一个应付方法，就是脱下衣服如斗牛勇士般挥动，令野狗迷失攻击目标，往往能化险为夷。

我们的家庭式手工作坊，由起初的手套加工，渐渐转为毛衫加工——先是缝盘，然后再开设洗水、熨衣等工序。爸爸见生意渐趋稳定，技术日益纯熟，就正式开设工厂，专门生产毛衫。

当时香港有不少经营进出口贸易的洋行，替外国客户在香港找厂发单，我们就专门做些规模较小的业务。

设厂进军毛衫制造行业

> 愿意付钱,并不等于别人就一定会妥善地完成你的工作。人情、友谊、关怀,反能成为最有效的推动剂,我亦由此渐渐体会到不怕付出的重要性。

持续进修,体会人和

学而后知不足,所以人应该终身学习,以广知识,以扩视野,以明道理,以养身心。

自迁离调景岭后,我就辍学在家帮忙,因此文化水平只有小学程度。在处理日益浩繁的工厂业务时,我往往有感学养不足,于是决定一边工作,一边继续学业。当时,我选择入读靠近旺角麦花臣球场的德明中学夜校部。

当时工厂规模虽小,但工作琐碎而繁重,令我难以兼顾

第一章　里程：从无到有，让夕阳变骄阳

学业，最后只能勉强完成初中的课程，就被迫再度辍学。然而，我明白终身学习对提升个人素质之重要，因此仍持续进修，先后学过英文、会计等知识，以充实自己。闲时我仍然喜欢探究问题，对待人处世及管理之道，时有反思。

由于不怕吃亏的性格，帮助我在发单工厂建立人脉网络，令接单无往而不利。生产需要由人进行，因此我也经常思考：如何令工厂聘用的员工，甚至是接我们外包工作的家庭主妇，都能尽心尽力，提升生产效率？

家庭主妇除了完成外包工作，还要兼顾家务，有些甚至会从几家外包商处取货加工，所以外包商间存在着竞争。我经常想："如何让她们愿意先替我们赶工？"又或者："为什么工人愿意替我们加班赶货？"

几经思量，加上处世经验渐深，我开始明白"人和"的重要性。愿意付钱，并不等于别人就一定会妥善地完成你的工作。人情、友谊、关怀，反能成为最有效的推动剂，我亦由此渐渐体会到不怕付出的重要性。

开设新厂，认识挚爱

生意日多，工作量大，场地不敷应用，我们遂租用新填地街一个地下单位作工厂。

我在此时结识我的太太。她住在我们楼上，想利用课余时间多赚取点儿收入作零用钱，遂成为我们的外包工，因此

常送货到我家工厂。

妈妈特别喜欢这位乖巧的蔡姓女孩,发觉我对她颇具好感后,就常鼓励我们交往。未来岳母也很喜欢我,不时在女儿面前为我说项。

当我20岁左右时,爸妈又开设了一间毛衫厂。当时香港劳动力供应紧张,毛衫厂业绩也不很理想。后来更因一直支持我们的银行发生挤兑,最后甚至倒闭,令我们顿时陷入财务困境,工厂面临倒闭威胁。

幸好当时有一位颇具实力的客户,也是我们的朋友陈氏兄弟,愿意入股重组公司,共建新厂。大家遂合资于新蒲岗成立"恒益毛衫厂",那是在1965年。

合资厂成立后,我代表爸爸在该厂工作。除了陈氏兄弟的外国客户,其他客户的接洽,以至工厂的生产管理、后勤事务,如财政、总务等,均由我一人负责。期间,与陈氏兄弟合作愉快,合资工厂的业务亦渐上轨道。

总结此阶段所学所经,均能启发思维,对我日后在工业界事业的发展,打下了良好根基。

第一章　里程：从无到有，让夕阳变骄阳

二、创业期的艰辛

创业幸有贤内助

> 除将赚来的第一桶金，挪作创业资金外，罗太太多年来从旁相助，负责公司的财政及内部管理，而且持家有道，为我消除了后顾之忧，使我得以专心于经营及生产。

自立门户，贤内支持

与陈氏合作经营恒益数年后，我们发现大家的经营理念不同，于是渐萌去意。刚巧有一两位朋友有意合作，于是我与爸爸商量，想出来一闯天下。恒益工厂的管理权由爸爸接回，我就与罗太太自立门户，开设晶苑织造厂，那是在1970年。

晶苑得以成功创业，罗太太功不可没。

我于23岁成家立室，当时仍在恒益毛衫厂工作。婚后

大我为先

数年，罗太太已成两孩之母。在怀第三胎时，她自立门户，开设了一家小型工厂，专门接款式独特、利润较大的手工艺钩衫订单，经营的业务与恒益不同。

当时，罗太太既要照顾家庭及两个孩子，又要兼顾工厂大小事务，无论生产、会计、技术指导、包装以至卫生处理，均需她亲力亲为。她每周工作七天，每天工作超过16小时，相信年轻力壮者也会感觉吃力，何况其时她已身怀六甲！工作虽忙，但她对我仍照顾周到，每周更约岳父岳母到家中，以打麻将维系彼此感情。数十年来，她凡事均以我为先，令我心存感激。

罗太太的小型工厂，为我们赚来创业的第一桶金。1970年，我们以70万元资本开始创业，当中包括罗太太开厂所赚、夫妻二人的积蓄，少量是爸爸的参股，再加上几位朋友的投资，遂以成事。这家工厂一直发展，成为今日的晶苑集团。

除将赚来的第一桶金，挪作创业资金外，罗太太多年来从旁相助，负责公司的财政及内部管理，而且持家有道，为我消除了后顾之忧，使我得以专心于经营及生产。晶苑有今日之成功，忆苦思甜之间，我对罗太太可谓满怀感激。

创业初期，由于在经营管理上经验不足，于是错漏难免，时遇危机，幸而我懂得从错误中学习，晶苑遂得以在市场上站稳阵脚。

爸爸接手打理恒益，三年后决定与陈氏分道扬镳，于

1975年创立罗氏针织,与我的几位弟弟一起经营。

爸爸虽同意我自立门户,也有参股资助,但其心愿始终希望六兄弟姊妹同心合力,共建家业。我虽未能一圆父愿,却能让几位弟妹有发挥机会,且今日大家各有所成,在商界算是略有名望,当年双亲放权锻炼之功,心常铭感。

专注本业,把握机遇

欧美的贸易保护主义,直接左右制衣行业的发展。由于政府凭前一年的出口货量,作为当年分派配额的依据,故生意愈大的制衣厂或贸易商,手上配额愈多。有剩余配额者,可转手炒卖,所获利润甚至较自行生产更高。因此,不少同业开始不务本业,边炒配额,边发展其他利润更高的业务,如地产、证券投资等。

晶苑在其中,也不免参与配额买卖。然而,我们始终以本业为先,多年来只想一心一意做好制衣。也许正因专注其中,方有今日的成就。

2005年起,各国消除贸易壁垒,逐步取消配额制度。中国也于2001年加入WTO,出口成衣往美国之配额制度也于2008年全面取消,制衣业开始进入全球竞争年代。

要想在激烈的竞争中脱颖而出,殊非易事,这为晶苑带来了全新的机遇和挑战。

"不成功便成仁"的危机

> 现在回想，倘若当天处理失当，必招惨重亏损，甚至身陷倒闭危机。此役可谓毕生难忘，亦借此展现了晶苑重诚守诺、言出必行的作风。

欠缺经验，莽接订单

晶苑以 70 万元资本创业，购买厂房用去 30 多万，其余留作运营资金。创业伊始，因为经验不足，渴求收入，往往有单即接。创业后数月，我们接了一张瑞典客户的订单，金额高达三四十万元，近乎手上全部现金数目。

可接单时不察，后回头一算，才发现我们未必能如期交货。遂与客户商量，是否可以通融一周。岂料对方意欲压价，给我们两个选择，一是大幅减价 25%，一是全单取消。

由于生产已经启动，断不能全单取消，但是如果减价

25%，则必会亏损惨重，加上商誉攸关，此时唯一可行之计，只有全力赶工，务求如期完成。不成功便成仁！

不眠不休拼搏之下，终于在限期最后一天完成生产。然而，交货程序尚未完成，还须取得"海运提单"（bill of lading），方能往银行收取货款。换言之，货物一定要及时送上货船。

不顾身孕，惊险爬绳

那时货柜未诞生，跨国运输主要倚靠远洋货轮。出口商须先将货品运往大趸船，再转运至货轮上。货轮会吊下一个大网收货，能否收货，概由轮船的理货长决定。

当时，罗太太和我携货乘坐俗称"哗啦哗啦"的小电船到达大趸船，再由船员带领，沿着货轮船旁的软绳梯，上船谒见理货长。罗太太当时身怀六甲，攀爬随风浪摇摆的绳梯，险象环生，幸好平安抵达。

船上的理货长是一位通情达理的外国人。他眼见罗太太身怀六甲仍愿意冒险攀爬上船，非常欣赏我们的诚意，很爽快地说一句"Ok！"，就为我们吊运了货物。

我们顺利取得提单，翌日一早即往买家银行申请"保付票据"（mark good），确保顺利收款，才算安然渡过难关。

现在回想，倘若当天处理失当，必招惨重亏损，甚至身陷倒闭危机。此役可谓毕生难忘，亦借此展现了晶苑重诚守诺、言出必行的作风。

大我为先

罗太太持家有道，于公于私均能尽显贤内助本色。夫妻结伴经商，性格各异，朝夕相对，易生摩擦，争拗难免。尤其我为人不拘小节，她有时却比较执着、择善固执、不易妥协，虽说大家能互补，其实亦易生龃龉。幸好罗太太凡事以我为先，每逢难关必定无私相助。每遇他人指责，她虽明知理亏在我，也都会先护航解围。她对我事事扶助，得贤内如此，当不惜再三由衷感激。

第一章　里程：从无到有，让夕阳变骄阳

阅读链接 >>>

重诚信是长期的竞争优势
——罗蔡玉清（Yvonne Lo，晶苑创办人、现任副主席）谈初期晶苑

晶苑刚成立时，在观塘伟业街自置厂房生产毛衫，厂内只有少量机器，接单后就买材料，然后外包给小型工厂用人手织造，最后缝盘、洗水、包装和落货付运。

我们的生意来源主要是洋行，我和罗先生都会去跑生意。罗先生人缘很好，晶苑在行内亦以讲诚信、负责任而闻名。我们只要接了订单，就一定准时交货，而且质量也有保证，因此客户对我们都很信赖，生意也随之而来。有些客户和我们合作了数十年，大家早已建立起互信，他们对我们的品质非常放心，连在何处生产也不多作限制。

有些人或许会认为，事事履行对客户的承诺，甚至赔本也做，并非经营之道。但罗先生和我都深信，应尽量不让客户吃亏。事实上，我们也接过赔本的订单，有时因为在其他国家和地区生产，影响了货期，要准时交货就要转到成本较贵的国家生产，但我们也宁愿照付差额。因为诚信的商誉，对晶苑而言，是极为宝贵的资产，也是我们赢得客户长期信赖的竞争优势。

逐配额而设厂的岁月

> 除受贸易壁垒左右外,制衣亦为劳动力密集、边际利润低的行业。设厂时,须同时考虑该处是否能享有更低的运营成本,并具足够的劳动力。

既赚配额,又省成本

在配额年代,制衣行业无异于游牧民族。古时游牧民族,为寻访绿洲,逐水草而居;而制衣业设厂,则要寻找免配额、低成本的产地,否则难以生存。相信除制衣外,应无其他业务为逐配额而于全球各地设厂的情况。

出口配额有限的厂家,如欲发展业务,不能单靠购入配额在本地生产,因为这样做的风险及成本都很高。解决之道,通常是开发无须配额的新产品,或转往不受配额限制的地区

第一章 里程：从无到有，让夕阳变骄阳

设厂。将工厂外移者，可将手上剩余的本地配额转售图利。

外移工厂，并非一劳永逸。当设厂地的出口货量提升至一定水平时，就可能遭欧美政府施压，要求引进配额制度。到那时，厂家又须另觅宽免配额的新绿洲。

除受贸易壁垒左右外，制衣亦为劳动力密集、边际利润低的行业。设厂时，须同时考虑该处是否能享有更低的运营成本，并具足够的劳动力。

以往中国内地的生产成本便宜，吸引不少厂家进驻，遂令中国成为世界工厂。近年来，中国农村生活持续改善，工人不愿背井离乡往外省打工，加上各项成本飞涨，以致不少制衣厂外移至成本更低、低技术劳工供应稳定的东南亚地区。

为求配额，非洲设厂

1972年，我与行业专家结伴前往非洲毛里求斯考察，发现当地工资水平低，亦无配额限制，甫一回港，即计划于当地投资开设毛衫厂。

当时，毛里求斯极为落后，如想拨长途电话回港，须先到大东电报局转拨英国，再接驳香港，费时甚久，方能接通，通信之不便，可想而知。工厂与香港的联络，主要靠电报维系，因此往往难以掌握生产信息，有时更被迫延迟交货。然而，由于配额问题，只好无奈适应。

阅读链接 >>>

毛里求斯三剑侠

——刘炳昌（Sherman Lau，晶苑集团首席顾问）
谈在毛里求斯的那些年

到毛里求斯设厂，原因是有一批欧洲客户很喜欢在当地买货。因为成本低廉，地理位置接近欧洲，往来方便，因此毛里求斯工厂主要为欧洲客户服务。

然而，从1972年开厂到1986年这十多年间，毛里求斯工厂运作都不大理想，相信是管理和人事出了问题，于是罗先生命我和财务总监一起去视察。

一个月后，罗先生要求王志辉（Frankie Wong，现任晶苑集团执行董事）和我由马来西亚调职毛里求斯，负责管理毛衫厂的工作，黄星华（Dennis Wong，现任晶苑集团执行董事）则比我们早半年派驻。工厂由我们三位20多岁的年轻人，以及一位洪姓同事一起接管。

我和王志辉一样，接到任命后立即出发，连薪水多少亦未曾知悉。罗先生也并未提及，原来他竟忘记了……数月后回港，我们才知晓薪酬若干。可见当年大家都讲情重义，互相信任，并没有过多利益计较。

● **大胆用人，眼光独到**

罗先生起用我们几位年仅20多岁，经验相对有限，也没有受过高深教育的年轻同事接管毛里求斯业务，可算极为大胆,也显示出他对下属的信任。

其实,罗先生做生意很有自己的一套。他不受世俗观念的限制,在起用年轻人方面颇具胆量。事实证明,罗先生的眼光很好,王志辉在毛里求斯期间,已表现出优秀的管理能力,黄星华也具有大将之风。其后,我们三人都能晋身成为晶苑的高层管理人员,实属罗先生栽培之成果。

然而,毛里求斯始终为偏隅小国,发展空间有限,人口只有100万左右,到后期要靠输入劳动力维持生产,最终晶苑决定撤离。

三、企业化变革之路

中美合资,于内地设厂

> 通过与万事达合作,令我亲身体验到西方管理模式与中资企业传统家庭式经营的区别,并深受启发,下定决心要将晶苑发展成为一家现代化管理的企业,可以说这是公司发展史上一个非常重要的转折点。

"三来一补",拓展商机

上个世纪70年代末,香港工业起飞,名列"亚洲四小龙"之首,电子、制衣及玩具业发展极为蓬勃,就业机会较多。相比其他行业,毛衫业工作辛苦,酬劳也低,愿入行者稀,往往招工反应欠佳,致使人手不足,限制了行业发展。

中国改革开放始于1978年。其时中国人口众多,失业

第一章 里程：从无到有，让夕阳变骄阳

率高企，正可提供大量低技术工人，加上土地及劳动力成本相宜，香港企业又获准从事"三来一补"，于是晶苑就成为首批在内地发展的制衣港商，将织机、缝盘等工序北移广东。

何谓"三来一补"？"三来"指来料加工、来样加工和来件装配，而"一补"则指补偿贸易。晶苑首家内地工厂选址在中山（并非现在的厂址），从事来料加工，其时添置大量机器，培训众多工人，主要生产毛衫织片。

中国出口美国，同样须受配额限制，我们会根据需要使用配额，如出口美国就用内地配额，加工产品就用香港配额。

中美合资，成立中纺

晶苑有一位美国客户名叫马丁·特拉斯特（Martin Trust），亦为我多年挚友。他同于改革开放初期到内地发展"三来一补"。马丁为美籍犹太裔人，本为恒益之买家，与我同于1970年创业，当时其公司名为万事达（远东）有限公司 Mast Industries（Far East），其后被 Limited Brands Inc.（"维多利亚的秘密"品牌的母公司，现更名为 L Brands Inc.）收购。

晶苑与万事达于1980年成立合资公司，名为中纺有限公司（Sinotex Limited），简称中纺，双方各占50%股份，于中国、斯里兰卡、毛里求斯等地设厂，甚具规模，于中国内地聘逾千工人，在斯里兰卡及毛里求斯，工人更达三四千名。公司产品出口美国，主要客户为万事达集团的子公司，亦有售予美国其他进口商。

当时,晶苑、中纺与万事达,都各自拥有内地和香港的配额。由于中纺出口可用内地配额,而在斯里兰卡及毛里求斯生产又不受配额限制,因而生意源源不断。当时晶苑接单,如来自美国 L Brands Inc. 或万事达,大部分交由中纺负责,而中纺也在香港自行接单,因此业务表现极为理想。

记得有一次,马丁与其大股东的老板莱斯利·卫克斯奈(Les Wexner)到香港总部探访,谈及中纺时称"Sinotex is a cash cow!"(中纺是一头现金牛),形容中纺的生意赚钱多,表现令人鼓舞,前景极佳。

开阔眼界,启发思维

晶苑首度投资内地,把握中国改革开放之机遇,得益有三。

首先,我们到内地设厂,积累了与地方政府打交道的经验。其次,我们能善用内地劳动力及配额,帮助晶苑进一步壮大业务。此外,通过与万事达合作,令我亲身体验到西方管理模式与中资企业传统家庭式经营的区别,并深受启发,下定决心要将晶苑发展成为一家现代化管理的企业,可以说这是公司发展史上一个非常重要的转折点。

第一章　里程：从无到有，让夕阳变骄阳

和气收场，人情常在

由于配额制度渐次取消，中纺的定位也逐渐变得尴尬。

以往由于中纺手持配额，对于 L Brands Inc. 而言，有一定的存在价值。一旦失去配额，中纺就变为 L Brands Inc. 众多供货商之一。如仅接万事达的订单，恐怕难以生存，转为外接订单，则与晶苑业务重叠，甚至互相竞争……于是，我们最后决定，由晶苑收购中纺全部股权，将其各家工厂纳入晶苑版图，大家和气收场。

合作画上句号，人情始终常在。莱斯利、马丁与我，一直保持紧密的朋友和合作关系。例如，长子罗正亮（Andrew Lo，现任晶苑集团行政总裁）到美国 L Brands Inc. 学习时，就寄住在莱斯利家中。罗太太与我常结伴赴美探访马丁，并下榻其府第。

记得有一次，莱斯利，马丁及他的太太，再加上我和罗太太，共五人一起搭乘莱斯利的私人飞机，赴以色列寻求投资设厂之商机。最终虽未成事，却能具见情谊。

在商场上离合平常，如能广结善缘，朋友遍天下，自然无往而不利。

向企业化管理进发

> 不少中资企业视为高度机密的数据和事务，从利润收益到业务前景，都可在会上公开讨论，更放心对我这个外人详尽披露公司的运营及财务状况，这与中国人做生意不愿意与人分享信息的作风大相径庭，使我和罗太太深感诧异。

他山之石，可以攻玉

马丁的公司，以西方企业化管理方法运营。作为合作伙伴，他每年都邀我作客观摩，令我视野大为开阔，顿萌学习之心。

记得有一年，我和罗太太首度以供应商身份出席万事达公司的年会，发现他们的管理透明化程度极高，不少中资企业视为高度机密的数据和事务，从利润收益到业务前景，都

第一章　里程：从无到有，让夕阳变骄阳

可在会上公开讨论，更放心对我这个外人详尽披露公司的运营及财务状况，这与中国人做生意不愿与人分享信息的作风大相径庭，使我和罗太太深感诧异。

眼见他们公司上下平等，信息透明，管理效率极高，令我认识到西方企业现代化管理的优点。

当我参观美国 Limited Brands 时，发现其电脑部占地上万平方米，运作之庞大令我大开眼界。当时尚未流行物流概念，但其自动化仓储运作已非常顺畅，我不禁赞叹企业运作当以此为榜样。

他山之石，可以攻玉。体验过现代化企业管理的优点后，我开始反思晶苑的家庭式经营模式，是否适合未来的发展需要。

深思之下，我终于下定决心，要将晶苑转化为现代化、科技化、信息化及透明化管理的企业。

首办年会，开创里程

参考万事达公司的制度，我们也于 1987 年在大屿山梅窝银矿湾酒店召开晶苑首届年会，自此从未间断。

首届年会，令人印象特别深刻，不仅是因为首度举行，而是当中发生了一段小插曲。当时，马来西亚主管王志辉专程由槟城赶回来参加，却不幸受急性肝炎感染，须由会场以直升机直送玛丽医院。

翌日，我前往探望。记得王志辉于病榻上，仍对马来西

亚工厂念念不忘，担心因病未能准时安排发薪。我对王志辉说，尽管放下公务，安心养病为先。所幸他吉人天相，最终安然度过危险期。

当时，此种因公忘私的精神令我感动，心想集团内若有更多如此尽忠职守、恪守责任的管理人员，公司必有远大的发展。

化解矛盾，成功转型

晶苑由我与罗太太共同创立，因此公司要转型为企业化管理，必须得到她的首肯及支持。

罗太太的长处在于熟悉生意、精明勤奋、亲力亲为，身处传统家庭式管理环境，非常合适，但却不利于推行企业化管理。

欲要成功推行企业化管理，就须摒弃"老板一言堂"的思维，提高企业透明度，凡事以目标为本，授权予人，培养团队责任心，并推行"以人为本"的企业文化。管理有赖人去执行，因此还要建立一支奉行企业文化、上下一心的团队。

多年来，我坚持不懈，凭信念，借耐性，尽心力，方将一个"夫妻档"发展成为企业化经营的晶苑集团，构建出"大我为先、以人为本、以客为尊"的企业文化，建立起一支上下一心且善于应变的团队。当中经历无数的矛盾，全靠与罗太太不断沟通、互相谦让，才得以逐一化解，渐成今日之盛。

第一章 里程：从无到有，让夕阳变骄阳

居安思危，发展日本市场

> 晶苑面临着全球性竞争，必须升级转型，方有生机，因此公司决定迎难而上，以拓展日本市场，作为晶苑业务发展的新方向。

高瞻远瞩，拓展市场

香港制衣业受欧美市场配额左右，如想提升营业额，只能靠额外购买配额，或前往不受配额限制的地区生产。因此，在配额限制下，晶苑难以大展拳脚，常令人有龙游浅滩之慨，我也早有了开拓欧美以外市场的想法。

早在20世纪90年代初，制衣行业已风闻配额制度将逐渐取消。以往在配额制度保护伞下，手持配额者生意不愁，炒卖也赢利可观，一旦取消，成衣品牌可以在任何国家采购，行业难免进入全球性竞争，预期生意将日益难做。

当年,罗正亮经常问我:"如果没有了配额,晶苑会倒闭吗?"未雨绸缪,总胜于临渴掘井,于是我决定开拓新市场,同时培养晶苑面对无配额环球战争的竞争力。

当时,既无配额限制,市场规模又足够大的出口地区,首选日本。

然而,要开拓日本市场,谈何容易?业内人都知道,与日本人做生意相当困难。他们非常讲究品质,要求的品质管理水平与美国截然不同,做生意也非常重视伙伴关系,如非必要,他们不会与新工厂合作。

我相信晶苑面临全球性竞争,必须升级转型,方有生机,因此公司决定迎难而上,以拓展日本市场,作为晶苑业务发展的新方向。

幸遇贵人,成功进军

为开拓日本市场,我们特别组建一支团队,由黄星华领军。几经努力下,成功赢得好几家日本品牌的订单,包括吉之岛、生活创库(UNY)、日产等。当中有一家刚起步的小型零售商"迅销",旗下品牌为"优衣库"。

众所周知,优衣库由一家小店起步,迅速崛起成为全球四大服装零售品牌之一。期间,晶苑与优衣库合作无间,因此能一同高速发展。

与优衣库结缘,始于一家中介代理公司(Personal

第一章 里程：从无到有，让夕阳变骄阳

Care Systems，简称 PCS）的长谷川靖彦先生（Yasuhiko Hasegawa）的撮合。与优衣库建立合作关系后，长谷川先生一直与我们并肩作战，大家更结为好友。

对如何撮合晶苑与优衣库结成伙伴，长谷川先生一直津津乐道，并以见证优衣库及晶苑同步迈向世界第一为荣。他在退休时，甚至将旗下公司的数名员工全数拨归晶苑，希望延续"成功之传奇"。我们也因而招纳到几位得力的日籍同事，在处理日本业务上更是如虎添翼。

长谷川先生退休后，以帮助日本新一代谋求出路为目标，依然经常穿梭于中日两地，免费担当我们与迅销社长柳井正先生的桥梁。

长谷川先生为人重友情、轻利益，实为世间罕见之好人。他以撮合我们与优衣库结盟为荣，并冀望双方能继续合作，最终同达世界第一的梦想，他会因此心满意足。

得友如此，夫复何求？

由此可见，与日本人合作，只要产生互信，不仅可建立长远关系，部分人甚至能不太计较个人利益与你合作。

阅读链接 >>>

向日本人学习品质第一

——黄星华谈优衣库的考验

我在1996年重返晶苑,主要为公司拓展新市场。当时除了南美国家外,日本是唯一没有配额限制的市场。但九成输往日本的服装产品,都在中国内地生产,因此价格竞争激烈,利润甚低。同时,日本企业对品质的要求极高,这导致不少香港制衣厂根本没有兴趣为日本品牌服务。

● **通过严考,建立合作**

记得在1996年与优衣库初次联系时,他们就抛出了一个难题出来考验我们。当年的设备和技术,都不及现在先进。优衣库要求我们在十天时间内,做好17款指定颜色的有领T恤,衣服上所有位置都要依足颜色的要求。如果未能做到,日后合作免谈。

其实,这是一道几乎不可能完成的难题,讲究的是供应商的配合、自家的技术,以及赶货的能力。因为每种颜色都要染漂,还要控制好色光,完全依足17个不同颜色,工序已经很繁复,再加上衣服不同位置使用不同布料,要同样做到17款相配的颜色,我们粗略估计约需28到35天时间,才有把握办妥,但优衣库给我们的时间却只有10天!

估计当时连优衣库也不认为我们能通过这个考验,出

第一章　里程：从无到有，让夕阳变骄阳

此难题，只想让我们知难而退。

结果我们日夜赶工，终于在限定的时间内完工，然后亲自把样品送往日本，在他们面前将17款颜色的T恤逐一展开，任由他们检验。

他们当时的反应是极为惊讶，心想居然有一家香港制衣厂能在这么短的时间内，完成如此高难度的工作，这令他们感到晶苑很有合作的诚意。

就这样，我们之间开始了合作，直到今天。

● **配额取消，新路打开**

我们在优衣库这位客户身上，也真是受益匪浅。例如，他们要求极高品质的文化，为我们带来了一个全新的业务模式。

当2005年全球配额取消，我们开拓欧美市场时，在一个没有配额保护的全球性竞争市场内，就可以参考开拓日本市场的成功案例，以生产力、品质、价格和应变能力，去赢取我们的竞争优势，再加上近年推动的可持续发展，令晶苑的定位更能符合现今国际市场的需要。

由日本市场到全球市场的策略，可以看到晶苑管理层的高瞻远瞩，能够快人一步应对行业可能出现的危机，实在要佩服罗先生的远见。

四、成为世界第一制衣企业的宏愿

学费高昂的一课

> 眼见时局失控,生产瘫痪,我们决定壮士断臂,即使产品一件也未出口,也要全面撤出马达加斯加。

为享优惠,非洲设厂

2002 年,美国制定《非洲增长和机遇法案》(African Growth and Opportunity Act,简称 AGOA),协助非洲国家发展经济,非洲国家产品出口到美国可获免税优惠。当时,晶苑仍在毛里求斯设厂,然而因为本地生产总值较高,不仅未能享有 AGOA 的优惠,更须面对其他非洲国家的竞争威胁。

出口美国免税优惠在前,晶苑自然不想失之交臂,加上有客户积极鼓励,于是考察后,我们就决定在马达加斯加开

第一章 里程：从无到有，让夕阳变骄阳

设三家工厂，聘请 4000 名工人，以生产 T 恤、毛衫及牛仔裤为主。由于投资庞大、聘用劳工众多，我们受到该国商务部长、劳工部长以及总理的热烈支持。

置身夹缝，深陷旋涡

马达加斯加厂房第一期落成后，在未正式运作前，先由毛里求斯运去一批碎布，用以训练当地工人。那时马达加斯加海关见我们报关时，将"碎布"写成"布匹"，认为我们涉嫌不正确报关，意图违法。当时估计海关关员只想找点儿甜头，但我厂自问并无犯错，于是先向商务部长据理力争，投诉无果，再找总理，又未能解决问题。当局甚至威胁要取消三家工厂的 AGOA 地位，令我们丧失免税出口美国之优惠。

后来发现，原来是反对派欲阻挠外来投资，打击执政阵营威信，以增强政治势力，因此事件迟迟未能解决，令我们置身政治斗争的夹缝之中。

此时，马达加斯加形势急转直下，执政阵营与反对派爆发内战，由港口到首都以至工厂的道路，都遭军事封锁，交通完全中断，生产遂陷于瘫痪。

我一向认为，工业投资能振兴经济，促进就业，提高国民收入，当政者应为人民福祉着想，保护外资，不会肆意破坏经商环境。

就算是在斯里兰卡，晶苑设厂多年，期间内战未有平息，

然而交战双方均明白以人民福祉为重,不会轻易骚扰外资工厂,更不会捣乱机场、封锁码头、中断交通。

马达加斯加政府积极吸引外资,令我们轻视了政治不稳定的风险。不料,该国某些政客根本不顾国民死活,肆意破坏经商环境,令我们成为政治斗争中的牺牲品。上了一课之余,我们也付出了极为高昂的学费。

壮士断臂,业绩"见红"

眼见时局失控,生产瘫痪,我们决定壮士断臂,即使产品一件也未出口,也要全面撤出马达加斯加。

由于机器及各项前期投资血本无归,并要赔偿提前中止租约之金额,更要将已接之订单,重新分配给各国厂房生产,不仅打乱生产计划,更要另购配额应付……此役之损失,几近整年之利润,影响当年业绩,成为晶苑自创业以来,唯一一次出现财政赤字的年度。

吸取马达加斯加之教训,我们决定调整策略,转往邻近香港的地区设厂,例如越南、斯里兰卡、柬埔寨、孟加拉等地,坐飞机数小时可达,令管理能如臂使指,加上文化较为接近,在招聘工人、管理工厂及人才培育上,更能得心应手。此后,晶苑各家工厂规模日益庞大,从每家工厂数千名工人,发展成聘用逾万工人的超级工厂,可算晶苑发展史上一个重要的里程碑。

第一章　里程：从无到有，让夕阳变骄阳

收购英商马田，开展内衣业务

> 在管理上，我们并未派人进驻，依然由原来的管理团队负责经营，只助其大幅改善经营策略、运营效率及财务状况……公司业绩马上转亏为盈，自此未出现赤字。

四大业务，策略互补

晶苑目前的业务主要分四大类。创业初期，以生产毛衫为主，后来加入T恤及牛仔裤，到2004年开始生产内衣。

毛衫业务深受季节因素影响，订单通常只集中于半年左右，成本开支却要以全年计算。为扩充业务、提升营业额，从1975年开始，我们开始生产T恤及牛仔裤。

晶苑加入T恤制造商行列时，主要生产针织T恤，因为能取得额外配额，工序亦简，故较易掌握。

其后,晶苑再添加牛仔裤生产线,主要生产女式牛仔裤。因其冬夏皆宜,免受季节性因素影响,更因配额有价,故生意不绝,额尽其用。

我们原本对内衣市场认识不深,只知其种类多样、款式多变、技术多元化、工序远较T恤复杂,等到2004年6月收购英国的马田国际控股公司(Martin International Holdings)后,晶苑才正式开展内衣业务。

收购马田,转亏为盈

马田国际控股为英国上市公司,创办于上个世纪20年代,主要客户为英国玛莎百货公司(Marks & Spencer)。由于企业拥有人已全数作古,其他小股东都只分持2%或3%的股份,致使群龙无首,公司运作不善,业绩持续亏损,利息及管理开支高昂,令其陷入财务困境。

我们决定收购马田国际控股,志在与玛莎百货公司建立业务关系。当时,晶苑已成功转型为企业化管理公司,接收马田国际控股客户、人才及资产后,随即将公司私有化,同时易名为晶苑马田国际(Crystal Martin International)。

在管理上,我们并未派人进驻,依然由原来的管理团队负责经营,只助其大幅改善经营策略、运营效率及财务状况。由于晶苑本身与银行关系良好,享有较低的借贷成本,因此晶苑马田国际融资较容易,而且条件也更为优惠,于是企业财务

第一章 里程：从无到有，让夕阳变骄阳

困境顿解。

事实上，晶苑马田国际之管理团队素质不俗，只因无米而炊，未能充分发挥作用。在改善运营及融资条件后，公司业绩马上转亏为盈，自此未出现赤字。收购至今，已逾十年，英国管理团队一直表现称职，可谓合作愉快，公司对集团的贡献也日益明显。

阅读链接 >>>

向马莎百货说"No!"

——劳伦斯·沃德(Lawrence Ward,前英国晶苑马田国际行政总裁)谈晶苑收购马田

我在 2002 年 4 月向罗正亮建议入股马田国际控股,结果晶苑收购了马田国际控股 27.7% 的股份。

当时,香港也有其他投资者有兴趣收购马田国际控股,但因我早在 1996 年 10 月已经认识了罗正亮,又分别在 1999 年和 2000 年见过罗乐风先生和罗太太,对晶苑的领导模式和企业文化非常熟悉且认同。在合作期间,更有一件事令我毕生难忘,令我深信晶苑绝对是可以信任的合作伙伴。

● 经商以义,不弃伙伴

早在 1999 年,玛莎百货就开始进行策略性评估,顾问公司向其董事会建议,应减少毛衣供应商数目。我们本来是为玛莎供应男装毛衫,虽然品质理想,但因我们规模较竞争对手小,所以遭受淘汰。玛莎同时告知晶苑,如欲继续维持毛衫业务往来,就须转与另一家符合资格的供应商合作。

我当时感到非常愤怒和沮丧,无奈之下打电话给罗正亮,告诉他玛莎决定终止与马田国际控股合作,并问他是否愿意寻找新的伙伴合作,使晶苑能继续供应毛衫给玛莎,

第一章　里程：从无到有，让夕阳变骄阳

而我一定会支持他的决定。

不足半小时，罗正亮回电，对我说："如果晶苑能与玛莎合作，增长潜力自然会更大，但晶苑决定向玛莎说'No！'，晶苑将继续与马田国际控股维持战略性伙伴关系，共同寻求新商机。"

晶苑不因利失义、不抛弃伙伴的作风，由此可见一斑。因此，我首选与晶苑商讨合作。

● **财务改善，客户回归**

到了2002年，玛莎再度邀请我们回归为他们生产毛衫，到了2006年我们成为其最大供应商。

晶苑入股后，公司的财务状况得到明显改善，市值回升，之后又与玛莎合作。公司有稳健的财务作后盾，同事们可以在无后顾之忧的环境中工作，于是公司上下一心，全力争取提升营业额，决心扭转过去十多年来的亏损局面。

2003年年底，我相信晶苑已对马田国际控股公司前景有足够信心，因此建议晶苑收购余下的72.3%的股份。但因为当时小股东希望得到更高回报，结果全面收购的时间被拖延。最后，到了2004年6月21日，晶苑向伦敦交易所提出全面收购马田国际控股的股份。

● **乐观正面，自省授权**

在晶苑提出全面收购马田国际控股股份当日，我出发前往香港。翌日一见罗乐风先生，就问他为何要提出此项收购。他回答我说："因为我答应过你会收购马田国际控股，而且我也想对所有股东都公平。"这是我第一次见识到罗先生的诚信，即时对罗先生大为欣赏。

　　与罗先生相处日久，发现他是一位非常好的领袖。他不介意别人批评，亦不会作出任何无礼回应。纵使他不同意你的观点，也不会争辩，但会对你说需要短暂离开会议室。每当他说要离开会议室时，我就明白他一定有不同观点，于是就要反省一下自己说话的内容和态度。

　　罗先生为人非常坦诚，他曾直接对我说，很欣赏我的热诚和担当，但希望我为人乐观一些，不要凡事只看负面；对下属要善于倾听，授权要做得更好。他训勉我要有自我批评的勇气，而且要多注重实际环境。

　　我反躬自省他的劝导，发现自己果然有不足之处，于是决心对症下药改变自己，冀望自己能成为一个更有领导力、更具人性化的管理人。

第一章　里程：从无到有，让夕阳变骄阳

晶苑的转折之年

> 创业经年，每感时局多变，世事如棋。虽可培养危机意识，尽力防微杜渐，然意料之外者，如非典疫情横行，如中国延迟入世，如金融海啸骤来，均非人所能预见。而对于危机来袭，唯有平日早作筹谋……

2005年，转折之年

踏入21世纪，晶苑屡遇挑战：2002年，决定全面撤出马达加斯加；同年决定巨额投资上线SAP系统（由SAP公司研发的企业资源计划系统）；2003年，香港受非典冲击致市面萧条；2005年，各国逐步取消配额制度及中国延期入世；以至2008年金融风暴等，都为晶苑的发展带来一定冲击。

其中，2005年实为晶苑发展的转折点，也可说是迎难而

上、充满挑战的一年。

其实早于上个世纪90年代末期，WTO已宣布配额制度将于2005年全面取消。当时，罗正亮预警危机，屡屡对我和罗太太说："我担心晶苑会倒闭！"然而，由于危机未临，大家并未认真应对。及后危机日近，压力渐增，我开始担心一旦失去配额优势，晶苑将面临严峻考验，遂认真思考如何方能继续生存。

当时，我提议首先制定重组集团的策略，包括有哪些工厂须重整、何家公司须停业等，再制定一个较为明确的发展计划。

取消配额，重定策略

取消配额，意味着晶苑必须面对全球性竞争，预计产品售价只会愈来愈低，但成本却与日俱增。然而，由于无须受制于配额，一张订单的价值，可能较以往高出数十倍以至百倍之多，可谓危中有机。

因此，我们决定迎难而上，定出两项主要策略：首先扩大内地投资，增加厂房数目，待中国加入关税同盟后，即可充分利用内地工人的产能及技术优势，兼享成本效益；其次，为实现大规模生产，开始计划筹建超级工厂，谋求规模经济之效益（economy of scale），并参考进军日本市场之经验，提升品质及生产力，以创造竞争优势。

第一章　里程：从无到有，让夕阳变骄阳

许下宏愿，世界第一

以往，单一国家的配额，不能支持超级工厂的产能，一家工厂聘用一两千人，已算颇具规模。时代变迁，聘用过万工人的工厂，现已比比皆是。

由于优衣库功成于世，深受各地消费者欢迎，晶苑亦因应时机，急速发展。受柳井正先生的影响，晶苑亦许下希望成为世界第一制衣企业的宏愿，并通过精密科学之构思，"目标为本"之计划，按部就班之执行，逐渐迈向世界第一之目标。

如要成为世界第一的制衣企业，拥有强大产能必属应有条件，因此构建世界工厂，无论以时势论，以企业目标论，均为必然之选。

延期入世，打乱部署

为应对配额制度取消，迎接全球性竞争年代，晶苑早于2000年起，已逐步扩大在内地的投资额，兴建厂房、购置机器、培训工人等，冀望能尽量利用世界工厂的竞争优势。

到2005年时，本来全球取消贸易壁垒，然而因中美有政治摩擦，欧盟及美国向WTO投诉，指责中国尚未全面开放市场，令中国未能于当年加入世界贸易组织。

影响所及，中国生产的货品仍然需要配额方能输往欧美，当然订单大量流失，对内地设厂的制衣业界冲击最大，也全

盘打乱了我们的战略部署，加上国外工厂实力不足以应付全球性竞争，令晶苑的盈利大幅下降。

同舟共济，共度时艰

开源未遂，唯思节流。当时，我们决定将香港的业务团队全部搬往内地，以节省成本，并加强与工厂的沟通。

于此艰难时期，幸有一班同事愿意同舟共济，与公司共度时艰，离港长驻内地，令晶苑最终能渡过难关。中国终于2008年成功加入WTO，出口欧美的货品不再受配额限制，内地厂房产能得以充分发挥，业绩恢复上扬。

2008年全球发生金融海啸，晶苑业务亦难免受损。管理层审时度势后，相信危机将迅速消退，加上公司业务已趋稳定，大家信心增强，最终安度金融海啸之冲击。

世事如棋，早作筹谋

创业经年，每感时局多变，世事如棋。虽可培养危机意识，尽力防微杜渐，然意料之外者，如非典疫情横行，如中国延迟入世，如金融海啸骤来，均非人所能预见。

对于危机来袭，唯有平日早作筹谋，秉持"大我为先"之理念、"以人为本"之思维，建立上下一心之团队，平日多作培育，常持应变之心，心存负责态度，迎难而上，众志成城，当可迎接来自各方的挑战。

第二章 理念："大我为先"，建立企业核心价值观

一、"大我为先"，以人为本之理

二、水滴石穿，构建企业文化之途

三、弃旧立新，专业化管理之道

大我為先

一、"大我为先",以人为本之理

"大我为先",以人为本

> 经商多年,屡见只顾自己成为独赢者,可能成功一时,却难持久。反之,如能以大我为念,最后达致无论大小我,均能共赢之局面者,方为经营及处世之道。

大我为先,开创共赢

倘一言以蔽之,述说晶苑集团之经营理念,必属"大我为先"。谈及企业文化,相信公司上下均会异口同声:"以人为本、以客为尊。"

"大我为先"为我奉行多年的价值观,常用以劝勉他人;而"以人为本、以客为尊",正是"大我为先"之实践。

"大我",乃相对于"小我"而存在。

大我为先

小我，指自己，指个人；大我则为一相对概念，何人是你的"大我"，要视乎你立身何处、立足何点而定。

身为下属，大我可以是所属部门；身为员工，大我可以是所属公司；身为公司，大我可以是一众客户；身为家人，大我可以是自身家庭；身为市民，大我可以是所居城市；身为国民，大我可以是所属国家；生而为人，大我更可以是全球环境、全体人类，以至整个世界。

经商多年，屡见只顾自己成为独赢者，可能成功一时，却难持久。反之，如能以大我为念，最后达致无论大小我，均能共赢之局面者，方为经营及处世之道。

我为人人，人人为我

俗语有云："人人为我，我为人人。"

所谓"人人"，亦即"大我"之意。对一般人而言，人人须先为我，我方会去为人人，意即是大我要先照顾我，我才会感恩图报，因此显见先后之别。

如能将次序逆转，改成"我为人人，人人为我"，就变成小我先关心大我所需，处处为世界着想；大我受惠后回报小我。此与一般人所想不同，境界自亦各异。

俗语又谓"牺牲小我，完成大我"，奉行"我为人人，人人为我"者，自然愿先为大我做出牺牲。"大我为先"，意即在此。

第二章　理念："大我为先",建立企业核心价值观

身体力行,以人为本

"以人为本",建基于"大我为先",习惯先想别人所需,正是其中体现。

晶苑一向重视"以人为本",所关注者,除公司员工及客户之福祉外,亦延伸至股东,甚至广及全人类。

"以人为本",反映在品格上,就是以正直、诚信、关爱、良心处世;反映在待人态度上,就是放开怀抱,尊重别人,凡事从对方角度出发,不固执己见;反映在做事态度上,就是只要事情能成功,不介意吃眼前亏。

"以人为本",不应仅停留在口号阶段。作为领导者,应以身作则,拥有"以人为本"之风格,并做出相应行为。

企业由人组成,重视员工关爱,视人才为资产,提供公平合理之薪酬、赏罚分明之制度、人才发展之阶梯,促使劳资关系融和,自能引发向心力,做到上下一心。如果团队能齐心协力,何事不可成?

经验所得,如客户对厂家从无投诉,不作要求,反而并非好事,因为合作关系未必能持久。我们认为要求高的客户才是优质客户。待客留客之道,在于提升品质、生产力及技术,并乐意放下抱怨,了解需要,充分配合。企业能长期助客户解决问题,方能建立伙伴关系。

坚持理念,不懈追求

回顾晶苑46年的发展,成功之道,在于坚持推动以"人为本",逐渐凝结成集团之核心价值观;更借以小我成就大我之思维,开创"人"(People)、"环境"(Planet)及"盈利"(Profit)3P共赢之局面,晶苑遂得以由一家庭式经营制衣厂,发展成现时年营业额逾百亿元之跨国企业,并以"成为世界第一制衣企业"为企业宏愿。

第二章 理念:"大我为先",建立企业核心价值观

修身律己,以水为师

> 老子所著《道德经》中以"上善若水"形容贤者。水之善,在于随遇而安,遇热化气,遇冷为冰,常温则视所流驻,圆成圆,方成方;变己之身,以适环境,无出其右。

先修己身,不争朝夕

古人推崇"修身、齐家、治国、平天下"。欲于企业内成功推行"大我为先"之理念,同样需要反求诸己,一切源自"修身"。

修身者,必先自省其非,身体力行,改变心态;不只关顾个人利益,转为聆听对方需要,不与人争一日之长短,忍一时以成大我,时常致力谋求共赢。

除不与人争一日之长短外,修身者要赢得别人尊重,品格与修养俱不可或缺。如欲影响他人常思"大我为先",自

己却对短利寸土必争，则属缘木求鱼。

己所不欲，勿施于人

经商须重诚信，除言出必行外，亦当言行一致。由于能坚持诚信，我在商场上赢取不少好友、客户、商业伙伴以至银行的信赖。

处世待人，贵乎真挚，既秉持诚信，亦设身处地，己所不欲，绝对勿施于人。

凡相交者，皆知我与罗太太鹣鲽情深。我坚持夫妻间须以忠诚对待，即使业务应酬，有时难免出入烟花场所，却从未做过任何越轨行为。

我非圣人，但只要念及"己所不欲，勿施于人"，易位思考，如我不愿妻子对己不忠，自然亦须自我约束。夫妻之道，此为基本。此种坚持，可视为择善固执。正如我对"大我为先""以人为本"之坚持，不惜投入数十年时间及心力，于公司内推动，务求获得晶苑团队之认同，并致力实践。

择善固执，包容感恩

除诚信及择善外，人亦应常怀包容及感恩之心。

谋事在人，成事在天，世事往往难尽己意。怨天尤人，积存怨恨，心思报复，只能徒令自己辛苦。愤怒即以别人之错，惩己之身，日夜数算他人如何薄情寡义，于生有何意义？倒不如宽容为怀，对负我之人一笑置之。

第二章　理念："大我为先"，建立企业核心价值观

常言道，人生不如意事十有八九，与其为八九烦恼，何不常想如意之一二？如此，即可常怀感恩之心，对所拥有的庆幸，而非怨恨自己不及他人之处，心境自有不同。

光明磊落，不作谋害，问心无愧，人生自然快乐，管理自能服众，经商自会多助！

上善若水，灵活变通

修身之本，应以水为师。

老子所著《道德经》中以"上善若水"形容贤者。水之善，在于随遇而安，见热化气，遇冷为冰，常温则视所流驻，于圆成圆，在方成方；变己之身，以适环境，无出其右。

"上善若水"，其实亦代表了晶苑人之特质。由于行业特性，惯于"游牧"经营，无论身处任何国度，晶苑人均能随遇而安，融入当地社会，与水之融和非常相似。

与人相处，更应如水包容，此说并非赞成随波逐流，而是指习惯先考虑对方感受，体谅对方需要，聆听对方意见；无论何时何地，有容乃大，令人如沐春风，乐意相处，正是"以人为本"之道。

水能柔，亦可刚，一旦认定目标，即有水滴石穿之恒；一旦乘风而起，即发波涛汹涌之能，视乎时势随机变通。

在不同环境，处理不同问题，遭遇不同人事，要能以水为师，适应环境，灵活变通，做到"上善若水"；与人为善，上下一心，自能寻得出路与机会。

消弭矛盾，解决有道

> "大我为先"，讲求先从大环境及他人所需设想，建立无疆界环境，做到人人平等，互相尊重，缔造共赢，自能和气生财。

矛盾处理，六大要诀

大至经营企业，小至待人处世，位置不同，人际间会常因各自利益、立场或面子产生冲突，矛盾遂生。

即使夫妻之间，亦常因观点不同、办事手法不一而产生矛盾。如夫妻共同打理生意，身为最高负责人经常对立冲突，下属会感到无所适从，决策执行必难关重重，企业又怎能提升竞争力？

因此，合作者之间必须设法消弭矛盾。根据多年经验，我悟出以下六大要诀：

第二章 理念:"大我为先",建立企业核心价值观

1. 态度平和,戒急用忍。
2. 积极沟通,面对问题。
3. 主动诚恳,放下身段。
4. 换位思考,争取信任。
5. 文字为桥,清晰表达。
6. 坚持原则,耐心说明。

亲身实践,推己及人

罗太太与我共创晶苑,但对事情的想法未必一致。倘我俩互不相让,必令下属难以适从。故我们须就事件诚恳沟通,放下身段,全不回避地积极面对问题。有时面对面谈论未必能心平气和,有理更说不清,此时不妨把看法写在纸上,文字过滤了怨气,让对方较易接受。现今,电子邮件是说明观点的最好媒介,邮件沟通之后再仔细研讨,则有助于解决各项工作及家庭中的矛盾。

推己及人,相信其他矛盾,包括企业内外、社会、政治等冲突,也可以同法化解。"大我为先",讲求先从大环境及他人设想,建立无疆界环境,做到人人平等,互相尊重,缔造共赢,自能和气生财。

我冀望由晶苑出发,自修己身,并将此理念宣扬四方,由员工影响家庭,由企业影响社会,正能量如涟漪般层层外展,影响家庭、社会、国家,甚至全世界。

改变自己，改变世界

> 如晶苑为达目的，只顾小我利益，不理大我所需，或忽略惠及各利益相关者，相信只会失道寡助，就算一时成功，也绝难持久。

理念先行，缔造未来

晶苑集团46年的发展史，每页都承载着"大我为先"之理念。

"大我为先"之意义，在于以人为本，在于大公无私、互相尊重，视团队重于个人；意味将公司、客户，乃至整个世界长期利益凌驾于一己短期利益之上。矛盾一旦解决，团队便可携手共达更高层次目标。

为谋企业长远发展，我认为传统中资企业业务必放弃事事只看短期利益，或老板个人高高在上的想法，引进现代化管

第二章 理念："大我为先"，建立企业核心价值观

理模式，将管理方式、信息系统、未来规划，达致全面现代化、数码化和透明化。

为建立生产力强大、以客为尊的团队，老板须放弃眼前短利，员工也须摒除"小我"的山头主义，中层则须改变官僚文化。身为老板，除了制定企业方针外，还须深入企业各部门，向各级员工推广理念，营造关爱员工的企业氛围，令公司上下散发出正能量，如此方可组建一支卓越队伍。

为提升竞争力，须向卓越企业及人士学习，随时准备抛弃固有传统思维，引进最先进生产技术及数据化管理模式，甚至不惜全体总动员，将企业改造为世界最优化系统和学习型组织。

面对全球变暖威胁，我们要保护地球，投资可持续发展事业，善用社会资源，生产时注重产品的无形价值，维护客户利益。

为使企业不断传承，投资永续经营，须唯才是用，选拔合适人才继承企业，拓展未来。同时还应不断创新，常保竞争优势。

注重责任，各方受惠

欲想追求世界第一，除规模与业绩出众外，还须注重企业的社会责任，成功绝不能采取损人利己的方式换取。

倘若有朝一日，晶苑真能稳站世界制衣业顶峰，晶苑的

大我为先

利益相关者皆可受惠,包括:

1. 地球受惠:注重环保与可持续发展,尽量以不损害环境的方式生产。
2. 经济受惠:促进当地经济发展,帮助落后地区工人改善生活,提升当地国民生产总值。
3. 员工受惠:给予合理薪酬、奖金鼓励、晋升机会,使其与团队共享成功。
4. 消费者及客户受惠:以高安全水平、高品质、高社会责任、高价值良心产品保护客户品牌,令消费者安心选购。
5. 政府受惠:促进当地就业,使百业兴旺,增加政府税收。
6. 股东受惠:为股东创造合理投资回报。

如晶苑为达目的,只顾一己私利,不理大我所需,或忽略惠及各利益相关者,相信将会失道寡助,就算一时成功,亦绝难持久。

第二章 理念:"大我为先",建立企业核心价值观

二、水滴石穿,构建企业文化之途

拨乱反正,老板不再独裁

> 奉承者众,老板感觉良好,认定自己见解超凡、能力过人。在人才方面遂生劣币驱逐良币,有能力又具远见者,因缺发展空间而离去;留下者通常消磨时间、搬弄是非,或搞办公室政治,公司岂能有美好前途?

官僚文化,能者不留

晶苑于多年前开始建立"大我为先"的企业文化。当时,公司面临管理及发展危机,对此确有所需。

回想创业年代,香港大部分制衣厂均是家族经营,管理阶层为雇员,多不愿公然反对上司,只懂唯唯诺诺,凡事以老板马首是瞻,企业内遍布瞒上压下的官僚文化。公司内奉承者众,老板感觉良好,认定自己见解超凡、能力过人。在

人才方面遂生劣币驱逐良币，有能力又具远见者，因缺发展空间而离去；留下者通常消磨时间、搬弄是非，或搞办公室政治，公司岂能有美好前途？

用人唯亲，处处山头

某些企业老板与员工常存矛盾，互相日夜提防者比比皆是。老板感到劳心劳力，却辅弼无人，又担心员工得悉生意盈亏及公司真实情况后萌生离心，甚至自立门户倒戈相向，因此不少人宁招亲戚朋友授以高职。

亲属常常是易请难送，久而久之，结党营私聚成山头，人人只顾自身利益，漠视公司前途，令运营效率低落。如非配额制度保护，相信不少家族企业早就被市场淘汰。

唯才是用，力推转型

罗太太与我，同样反对用人唯亲之管理方式。

故此，晶苑虽求才若渴，却早已明言绝不招纳亲戚朋友。如子女有兴趣在此工作，将予发展机会，但媳妇女婿、家族成员乃至个人好友，一律谢绝门外。

中资公司如欲变成国际一等规模，必须由家族式经营转型至企业化管理。除唯才是用，更须改变公司制度，引进西方管理概念。

真正转型至企业化管理，一定要建立自身的企业文化，包括组建优秀团队，推行诚信负责、公平透明、关爱团结、鼓励创新，确保用人唯才和赏罚分明。同时，团队须对企业产生归属感，以在公司工作为荣。

第二章 理念:"大我为先",建立企业核心价值观

针对窘局,推行核心价值观

> 当时,我特意将集团价值观的细则写得详尽一些,是因为担心表述过于宽松,易流为空洞标语,更不想任人解读,甚至演变成另一种官僚文化。

移民潮下,人才流失

晶苑早期管理不善,矛盾及官僚文化丛生,工厂与写字楼,以及部门与部门之间时有龃龉,山头主义倾向严重。其时,我负责营业生产,罗太太则主理财务及行政管理。虽正式分工,但彼此属下难免有公事摩擦,互相投诉,罗太太与我居中,往往力保下属,不时得失伴侣,左右做人难。

老板与员工间普遍缺乏互信,主要表现在:虽然表面各忙各事,一旦召开会议,却互相推卸责任;管理层会议上不

提建议、不表态,也从不反对老板的意见,会后却到处宣扬不满。故遇上有人来数落者,往往以遭我解雇收场。

上个世纪 80 年代,香港出现移民潮,影响所及,有好几年晶苑员工流失率竟逾半数。其时,我们一家也移居加拿大,须两地奔波,每次回港时,也会发现公司有很多同事离职。

公司难留人才,易成一盘散沙,不仅运营效率欠缺,客户见对接人员经常转换,定会影响信心,我于是开始担忧团队松散带来的危机。

企业文化,带来曙光

在我忧心忡忡之际,有同事参与了由香港工业总会举办的企业文化课程,然后向我推荐。

该课程导师为安东尼·格利菲斯(Anthony Griffiths)。我就约他会面。他不断强调公司应建立一套企业文化,我反复思量下,认同良好的企业文化应能打破当前窘局。

认清方向,遂对症下药。上个世纪 90 年代初,我便在晶苑推行企业文化,冀望能改造松散班底,重建一支上下一心、大我为先、愿为公司长远利益设想的团队。

要成功推行企业文化,我明白绝不可能假手于人,必须亲力亲为,方能得到同事支持。因此,我不惜花时费力,亲自推广,并将一己愿景,另加集思广益之成果,撰成"我们的价值观",作为晶苑集团的八大核心价值观。

第二章　理念："大我为先",建立企业核心价值观

针对弊端,发愤图强

当时,我特意将价值观的细则写得详尽一些,是因为担心表述过于宽松,易流为空洞标语,更不想任人解读,甚至演变成另一种官僚文化。

其实,每一条价值观,都反映出当时的某种管理弊端。

例如"以客为尊",本属经商基本之道,可是不少同事却不以为然。记得当时有一位总监负责全盘运营,却认为公司手持配额已能确保生意,所以无须照顾客户需要。在他眼中,客户在下,晶苑在上。确立"以客为尊"为核心价值观,正反映我对此不予苟同的态度。

当时生产线仍未确立品质管理系统,因此把关不严,曾有客户坦言,我二弟管理的罗氏工厂的产品,品质优于晶苑。知耻近乎勇,不想落后于人,我遂发愤图强决心维护品质,故此特在价值观上确立"品质为本"。

与时俱进,改变世界

晶苑集团八大核心价值观,乃针对当年种种流弊而成,当中包括的"正直诚实""以客为尊"等我认为是永恒真理。话虽如此,但随着时代不断变迁,价值观也须因时制宜,我们的企业文化也将按时检讨,以配合时代巨轮的前行。

时至今日,世事依然瞬息万变。我一直深信"改变自己、改变企业、改变世界"。改变由己而生,并能推己及人,当中意义非凡,或于将来载入晶苑价值观中,冀望能借晶苑绵力,发挥改变行业、改变世界之力量!

大我为先

阅读链接 >>>

晶苑集团八大核心价值观

正直诚实
◆ 遵守承诺，履行合约
◆ 品德正直，积极负责
◆ 真诚交流，建立互信

相互尊重
◆ 重视每一个人的重要性
◆ 重视公平，一视同仁
◆ 肯定员工的贡献并予以发展机会

勇于创新
◆ 敢于接受挑战，持续进步
◆ 接受新思想，集思广益，富有企业家精神

激励士气
◆ 以身作则，从意识和行动上激励他人
◆ 用自己追求卓越的热诚、决心和精力感染他人

第二章　理念："大我为先",建立企业核心价值观

以客为尊
◆ 主动了解客户需要
◆ 提供快捷及高素质方案以超越客户需要

品质为本
◆ 每一项工作均能一次准确做到
◆ 以品质为推动力,提高整体绩效达至最佳

达至最佳效益
◆ 提高公司价值,充分利用资源,达至最佳利润回报

上下融和、超越疆界
◆ 超越疆界,排除障碍,摒弃官僚作风,从而推动整体效益提升
◆ 分享知识与信息,精诚合作,共享成果

十载耕耘，终见其成

> 集思会上，众人均一致赞成革新。然而当改革与个人利益相抵时，阻力骤生。管理层虚与委蛇者有之，阳奉阴违者有之，冷眼旁观者最多，心想老板只是一时兴起，热情一冷，自会恢复旧观。

改革启航，旋即触礁

古今中外，管理之大难题，无过于如何推动革新。改变管理（Change Management），往往知易行难。

身处舒适环境，习惯安逸生活，不愿变动乃人之常情。欲成功改变团队思维习惯，接受全新企业文化，以现代化管理改革家庭式经营，于华人社会，更属高难度挑战。

破旧立新，不宜假手外来顾问，为示对推动新企业文化

第二章 理念:"大我为先",建立企业核心价值观

之承诺及决心,实须我本人身体力行。

千里之行始于足下,既然下定决心,就要坐言起行。建立企业文化的第一步,是先了解员工想法,以查找不足。

上个世纪80年代中期,我们于荃湾悦来酒店首度举办集思会,邀请公司数十位管理层同事出席,大家集思广益,主动诉说不满。不少同事直斥公司官僚迂腐,部门各自为政,矛头直指最高管理层,包括老板。

集思会上,众人均一致赞成革新。然而当改革与个人利益相抵时,阻力骤生。管理层虚与委蛇者有之,阳奉阴违者有之,冷眼旁观者最多,心想老板只是一时兴起,热情一冷,自会恢复旧观。

如是者经两至三年,改革出师未捷,举步维艰,不仅未为公司带来转机,反而增添更多矛盾,上下怨声载道。

择善固执,水滴石穿

然而,我并未就此放弃。

当时公司渐值存亡之秋,如我继续容忍山头主义、官僚作风,将更难由家庭式经营转型至企业化管理,公司势将走向衰亡败局。

明乎此理,只有继续坚持,才有望走出窘局。

抱持"大我为先"的理念,加上不屈不挠、择善固执的性格,纵使只我一士谔谔,仍不懈推动企业文化。除亲自主

持工作坊、集思会、分享会外,我还遍访全球工厂,与中高层管理者坦诚对话,力陈晶苑集团八大核心价值观之重要。

宣传之余,更须聆听以了解需要。故应对之间,常自我提醒兼听则明,纵使晓之以义,切忌老板"三个口",尽量双向沟通。尽管对方未必即时接受,但至少明了利害所在。相信坚持之下,假以时日,终必水滴石穿,得到正面回应。

十载耕耘,融入生活

老板长期倾力亲自推广,高层管理者纵万分不愿,也不便高调反对;中层管理者则不为权威面子所囿,较为开放,愿试新猷。故经十载耕耘,历夙夜熏陶,团队思维渐统,理念渐凝,崭新的企业文化开始在晶苑植根。

当团队逐步融入企业文化时,转变渐显。公司上下,除均能以公司及客户利益为重外,更培养出终身学习、快速应变之能力,有助提升生产力,增强竞争优势。

罗马非一日建成,晶苑人经过数十年不懈努力,终能将企业文化融入工作及生活中,正彰显择善坚持必有所得之道理。

第二章　理念："大我为先"，建立企业核心价值观

建立无疆界组织

> 要上下共融，必先互相尊重，打破界限，始于无分等级。此举不仅要管理层作出牺牲，自己更要身体力行，方能上行下效。

上下融合，超越疆界

如欲革新企业文化，杜绝官僚作风，须先将晶苑发展成无疆界组织，故晶苑集团八大核心价值观中，我最重视"上下融和、超越疆界"。

所谓"上下融和、超越疆界"，意指无分上下，融成一"大我"，摒除因私忘公之思维，提倡大局为重、大我为先之理念。

取消特权，打破界限

不少身居上司以至老板尊位者，平时架子十足，颐指气

使,对下属毫不尊重,遇问题即诿过于下属。无疆界组织,旨在打破这种阶级界限。

要推动建立无疆界组织,我除了发表《黄金手册》外,同样须言行一致,方能服众。例如,我去国外工厂视察时,当地同事往往会协助搬行李,除大件行李外,我惯常自持,并无我乃老板,下属务必服侍周到之念。

此外,老板应无特权,就算罗太太与我,亦要以身作则,一视同仁,不能为所欲为。

记得有一年,我与罗正亮前赴美国客户盖璞公司总部开会,同行者多为盖璞的供应商,当中以晶苑规模最大。其他公司高级职员皆搭乘商务舱,老板一般出入头等舱,我二人反倒屈就经济舱。

公干选乘经济舱,非因刻薄,实乃晶苑一贯政策。无论基层员工还是经理、总裁,甚至包括我自己,如用公费,均规定只能选乘经济舱。直至两年前,长途航程方转为特选经济舱,以体现一视同仁、不分阶级之无疆界精神。

要上下共融,必先互相尊重,打破界限,始于无分等级。此举不仅要管理层作出牺牲,自己更要身体力行,方能上行下效。

第二章 理念:"大我为先",建立企业核心价值观

> 阅读链接 >>>

无疆界文化,成就今日晶苑
——刘炳昌谈第八项核心价值观

● **核心价值,由七变八**

记得当初罗先生设计晶苑集团核心价值观时,只有七项。后来他再三思量,认为如果同事均能做到"无疆界",公司发展自可前程万里,因此在七大核心价值观的基础上,加上"上下融和、超越疆界"一项,成为晶苑的第八大核心价值观。

● **打破界限,互相借鉴**

反映无疆界组织的最佳例子,莫如互相借鉴。

当晶苑旗下某一工厂,引进一项能提升效率的技术时,别家工厂如觉合适,可前往观摩学习,大家也乐意无私分享。很多管理方式和生产流程,因而得到改善,令晶苑真正成为无疆界组织。

这个核心价值观一直引领着我们,今天已发展成晶苑大家庭的互动精神。

三、弃旧立新，专业化管理之道

实施个人责任制

> 推行目标为本，一经订立目标，彼此认同，个人必须负责完成。在特定时限，通过公开、透明、公正的数据化绩效系统考核，达标者可享合理奖励，未能达标者需检讨如何改进，再无借口可言。

充分授权，公平透明

当公司达臻专业化管理阶段，愈有才能及理想者，愈不愿仰人鼻息，更不会对老板唯诺奉承。

推行企业改革，首先需实施"个人责任制"，予同事充分授权，任其自主工作，并订立明确且可行之目标。为配合个人责任制，管理上必须提升透明度，工作目标、盈亏数据，

第二章　理念："大我为先",建立企业核心价值观

以至各项管理分析,均开诚布公。

委付任务,务必达成

以往,当公司业绩欠佳,或执行发生问题,须向同事问责时,推卸责任成为常态,透过借口不外乎世界经济环境差、行业低价竞争、未能聘用合适人才等。

如今推行目标为本,一经订立目标,彼此认同,个人必须负责完成。在特定时限,通过公开、透明、公正的数据化绩效系统考核,达标者可享合理奖励,未能达标者需检讨如何改进,再无借口可言。

今日如有未达标者,意图找借口蒙混过关,往往遭他人直斥其非。事实上,由于目标乃共同订立,大家同意切实可行,当获充分授权下,每位当事人均需承担责任,任何理由只属掩饰失败,反之应勇于认错,再思如何善后解决。

由个人责任制、充分授权、公平优良之考评系统,加上透明度极高的数据化管理基础,晶苑遂能推行"产销合一"。负责业务之同事,均视公司生意为己业,与负责生产之同事商量沟通;而生产部同事也以客为尊,乐于与业务部门通力合作,彼此均能充分发挥"大我为先"精神。

转变管理方式，由推变拉

> 罗正亮接任集团行政总裁后，在转变管理方式上，较为深思熟虑。他绝不采用行政指令要求主管就范，而是培养出一种"多尝试、多革新"的气氛，鼓励部门间良性竞争，故各部门均愿率先成为革新试点。

亲推电邮，转瞬普及

2000年年初，电子邮件在香港并不普及，我欲于公司推行。起初各级同事均不愿采用，亦不懂如何应用，故我身先士卒，就算与对方毗邻而坐，事无大小，均发电子邮件询问。

由于收到老板电邮，上下均不敢置之不理，你来我往，久而久之，已习惯以电子邮件联络。

随着互联网普及，以电子邮件与国内外买家及工厂联系

第二章 理念："大我为先"，建立企业核心价值观

确实异常方便，能克服凡事须拨打长途电话而产生的时差及成本问题。当大家体会电子邮件之便，亦已习惯应用，阻力遂除。

由老板亲推电子邮件，转瞬于公司内普遍应用，乃由上而下"推力"之成功。

由推变拉，效率提升

罗正亮接任集团行政总裁后，在转变管理方式上，较为深思熟虑。他绝不采用行政指令要求主管就范，而是培养出一种"多尝试、多革新"的气氛，鼓励部门间良性竞争，故各部门均愿率先成为革新试点。

以往采用由上而下之命令方式，老板事必亲躬，向各同事力荐，所用者为"推力"（Push）；现时则为部门主动要求引进推行，转而为"拉力"（Pull）。分公司处理变革，更加主动积极，效率及效果自然大相径庭。

其实公司推行新项目，只要以提升工作效率及生产力为原则，并非追求个人目的，且推行时间表亦能配合分公司，以方便执行为优先考虑，大多数分公司总裁都会乐意支持，并切实执行，效果自然更为理想。

欲推任何新猷，不免一波三折，然而只要主事者能以大我为先，由使用者角度出发换位思考，作微调甚至大修，项目推行后能解决实际问题且卓有成效，主事者自会逐渐建立

口碑。当其他部门引进时,亦各有充分自由,可以适度调整。集团总部总结各部门运作经验后,会订立一个最能经受考验、各方运作顺畅之版本,令新系统趋于标准化,供全集团应用,使其更易于管理。

第二章　理念："大我为先"，建立企业核心价值观

成立董事会，增强企业管理水平

> 部分上市公司，往往只是满足上市条例之最低要求；晶苑对企业管理之要求，不仅媲美上市公司，于运作上甚至较上市条例规定更严……晶苑外聘顾问进行董事会评估，认真程度实属罕见。

设董事会，更显专业

企业如欲摆脱家族式经营，转型现代化管理，必先摒弃"老板为先"之家长式管理思维。对公司创办人及最高管理者而言，这等同于自己放弃权力。然而，只要有利于公司长远发展，罗太太与我均不介意做出牺牲。

中资企业习惯老板一锤定音。然而，无论罗太太还是我所作的决定，囿于个人因素，难言尽皆理性，有时更不免感

情用事。此种管理方式,殊不利企业发展。

兼听则明,故我们决定成立董事会,冀望能尽量以理性方式决策公司事务。起初罗太太尚未习惯,适应需时,及后董事会运作畅顺,对公司益处日益彰明,罗太太遂极力支持董事会。

第一届董事会成立于1995年,我与罗太太分掌主席及副主席职位。一直以来,我们对董事会及企业管理均从严从谨。部分上市公司,往往只是满足上市条例之最低要求;晶苑对企业管理之要求,不仅媲美上市公司,于运作上甚至较上市条例规定更严。

例如,每次董事会,均历时6至8小时,与会者皆认真议事,各项议题均讨论周详。

此外,晶苑每两年均会外聘顾问,进行一次董事会评估（Board Evaluation）,认真程度实属罕见,可见我们对董事会及企业管理极为重视。

设委员会,专职执行

企业架构中,董事会地位最高,但它并不处理日常运作,只负责审批机要之责,如年度预算、长远战略等,并就较宏观事项提供意见。

董事会下设执行委员会及审核委员会。企业监管上,已开设企业监管办公室,由我负责,而发展委员会亦于2015年

第二章　理念："大我为先"，建立企业核心价值观

成立，专门负责长远规划。

公司行政权力，主要集中于执行委员会。罗正亮接任集团行政总裁后，投入较多时间及心血推动董事会改革，并主动分析大量业务数据，向董事会提交众多分析报告，以供决策参考。

执行委员会所拥实权虽大，但却实施问责制度，所作任何决策，均须向董事会负责。

人才汇聚，互相评分

2015年的董事会现任成员包括我、罗太太和罗正亮，两位执行董事为王志辉与黄星华。此外，还有四位独立非执行董事，包括安东尼·格利菲斯、汇丰银行前高管谢文彬（Benny Tse）、前花旗银行高管麦永森（Alvin Mak），以及从事私募基金的张家骐（George Chang）。

多年来，股东与董事会极少有意见相左，除大家均为好友外，更需每年不记名互相评分。例如，我担任主席多年，每年董事会成员均会就本人表现是否称职、他们是否满意作出评分，因此我常自强不息，努力做一位称职的董事会主席。

晶苑虽非上市公司，但程序与制度均符合上市公司条例对企业合规管理之严格要求。能臻于此，实因罗太太与我愿弃独裁公司事务、呼风唤雨之权，影响所及，有助公司长远发展，步向企业化管理，意义殊深。

阅读链接 >>>

晶苑成功转型基于企业文化
——安东尼·格利菲斯谈晶苑文化

1992年，我和同事在香港工业总会主办了一个关于策略与对策的研讨会，罗乐风先生和长子罗正亮出席。事后，他们邀请我为晶苑进行内部研究，并在同年10月举办一次集思会，主要邀请高级管理人员参加。自此，我们合作无间至今。

晶苑当年以家庭式经营，由罗先生、罗太太亲自管理。当时，我向他们提出许多详细的建议，自如何建立团队、提升管理层素质、建立互信到充分授权等，并指出如果一直都采用中央集权式管理，永远都难与下属建立互信关系。

最后，罗先生听取了我的意见，开始改变管理作风，例如授权予下属。不过，要建立全新的企业文化，实在需时，晶苑就用了差不多十年时间，才有显著改变。

● **全无架子，深受爱戴**

罗先生是一位非常聪明的人，很有领导才能和宏观视野。在他的带领下，晶苑力求在现有基础上进步，每天思考如何做得更好，在满足客户需求之余，公司依然有利可图。

罗先生与众不同，绝非传统高高在上、发号施令型的老板，而是全无架子，会关心我们的想法和感受，因此赢

第二章　理念:"大我为先",建立企业核心价值观

得我和其他人的尊敬及爱戴。

然而,当他下定决心要做好某件事时,又会非常强硬,择善固执。例如,他力推企业文化,并无借助外来顾问,而是整天马不停蹄,四处击鼓传讯,令高层管理人员明白他的决心。

● **授权团队,脱胎换骨**

我认为晶苑团队非常了解罗先生,愿意顺随他的意愿执行,及后往往会发现罗先生方向正确。所以,当他开始推行个人责任制、授权同事自主时,团队的改变就发生得更快。

晶苑能成功推行企业文化,功劳完全归于罗先生、罗太太和罗正亮。他们有意识地推行个人责任制,并能真正充分授权,突破了中资公司中央集权式的管理模式,为晶苑带来了脱胎换骨的转变。

结语：立志成为世界第一

> 以终为始，以目标成果反观算计，根据市场变化之预测、属下工厂之产能、各大客户可扩增之生意份额等，即可知悉要达到世界第一所需之资源、时间、营业额，由此规划出相关路线图，成为实际可执行之长远计划。

世界第一，凝聚军心

"大我为先"之理念，于晶苑建立经年，已成为团队日常之共通语言。然而，如能有一务实目标，激励员工上下一心，放下"小我"短利，共同奋斗，成就"大我"者，当能更进一步激励士气，团结军心。

该"大我"目标，乃同心同德，将晶苑发展为世界第一制衣企业之愿景。

第二章　理念："大我为先",建立企业核心价值观

毫不讳言,此愿景受晶苑长期合作伙伴柳井正先生所启发。他的理想是将优衣库打造成世界第一之零售品牌。作为优衣库的主要供应商之一,晶苑深为所动,亦立志成为世界第一之制衣企业。

以终为始,路线清晰

晶苑推行数据化管理,透明度高,只要根据资料推算,即能得知,要成为世界第一,并非遥不可及。

以终为始,以目标成果反观算计,根据市场变化之预测、属下工厂之产能、各大客户可扩增之生意份额等,即可知悉要达到世界第一所需之资源、时间、营业额,由此规划出相关路线图,成为实际可执行之长远计划。

发展所需资源,了然于胸后,就能以五年及十年计划为基础,计算每年应完成之里程,并就此订出年度增长目标,并兼顾竞争对手之扩张速度。

市况万变,未必能尽如人意,每年或需微调里程目标。然而只要按部就班、循序渐进,一步一个脚印地朝正确方向迈进,年期或有延长,终极目标不变,愿景达成指日可待。

第三章 借鉴："以专为业"，向卓越学习

一、建构学习型组织

二、取法管理学大师

三、推行电子化的历程

大我為先

一、建构学习型组织

虚怀若谷，效法卓越

> 晶苑常用崭新管理系统及工作模式，并已建立一支应变能力强且能快速适应新事物的团队，成为深受管理学者向往的学习型组织。

借鉴卓越，提升自己

虽说勇于尝试，汲取教训，方可精益求精，然而企业改进，亦应有明确方向，方能降低出错概率。

故步自封，自难进步；他山之石，可以攻玉。

要成世界第一之制衣企业，应当虚怀若谷，观摩最卓越的管理模式，学习及实践"最佳典范案例"（Best Practices），以建立最适用于企业者，故晶苑不断引进最优越的管理系统及工具，以助日常业务运作，如高效能人士的七个习惯、平衡计

分卡、SAP 企业信息管理系统、丰田精益生产及六常法等。

举一例子，集团于 2002 年引进 SAP 企业信息管理系统时，必须放弃一贯应用之系统，全面转用 SAP。起初，同事们颇有怨言，但在适应及运作上了轨道后，即发觉如若当年不能当机立断弃旧用新，公司发展受系统所限，根本不可能达至今日规模。

新人入职，赠阅经典

知识改变命运，学而后知不足。我酷爱阅读，遇上好书，常会购买一批分赠同事共赏，然后安排分享会，探讨晶苑能否从中取经。

现在，管理层每有新人上任，均会获赠五本世界级管理经典，冀望其阅读以获裨益，其中包括：

1. 《高效能人士的七个习惯》（*The Seven Habits of Highly Effective People*）作者：斯蒂芬·柯维，Stephen Covey
2. 《杰克·韦尔奇与通用之路：一部传奇式首席执行官的管理透析与领导秘诀》（*Jack Welch & The G.E. Way: Management Insights and Leadership Secrets of the Legendary CEO*）作者：罗伯特·史雷特，Robert Slater
3. 《丰田模式：精益制造的 14 项管理原则》（*The Toyota Way: 14 Management Principles from the World's Greatest Manufacturer*）作者：杰弗瑞·莱克，Jeffrey Liker
4. 《平衡计分卡：化战略为行动》（*The Balanced*

Scorecard: *Translating Strategy into Action*）作者：罗伯特·卡普兰，大卫·诺顿，David Norton，Robert Kaplan

5. 《柳井正：怀抱希望》（柳井正，希望を持とう）

以上五本经典著作，均为晶苑管理实践之本。细阅原著，可助了解晶苑的企业文化及管理精神；熟悉著作，在考量是否引进新项目及如何推行时，可做到事半功倍。

事实上，晶苑常用崭新管理系统及工作模式，并已建立一支应变能力强且能快速适应新事物的团队，成为深受管理学者向往的学习型组织（Learning Organisation）。

罗正亮出任集团行政总裁后，培养学习型组织更是青出于蓝。他学历比我高，分析力与执行力也比我强，精于效法学习目标，在理论及实践相互影响下，更能推出切合集团所需之"最佳典范案例"。在管理上，晶苑更能与时俱进，在迈向世界第一的征途上，航速更快，把握更大。

四大法门，效法卓越

总结多年心得，如欲成功效法卓越，法门有四：

1. 愿作改变，卓越为范。
2. 择善固执，深层学习。
3. 先行先试，观察其果。
4. 制定目标，量度成效。

鼓励勇于尝试的团队

> 面对创新,保守人士往往踌躇不前,因创新总存失败风险,大家担心功败垂成,又怕遭人埋怨,甚至乌纱不保。

勇于尝试,错中学习

我年少当家,历练所得,有助培养观察力,更易洞悉世故人情。面对企业运营所需,无论经商概念、管理制度、解难方式、人事处理、财务决策等,我均有赖多学多问,勇于尝试。

面对创新,保守人士往往踌躇不前,因创新总存失败风险,大家担心功败垂成,又怕遭人埋怨,甚至乌纱不保。

弃旧纳新,事在人为

晶苑制胜之道,在乎讲究效率及现代化管理。任何管理制度、处事方式，以至生产设备，如不能符合未来需求，都必须当机立断地放弃，免碍效率。在推行新措施时，只要获得上下认同，认为有利于公司，皆勇于尝试，以屡败屡试精神，坚持不休。

摸石头过河，早成晶苑习惯。当确认已困于死胡同时，须有勇气坦然承认失败。所谓"失败乃成功之母"，只要吸取经验教训，坚持到底，便能重新出发，而非一朝遭困即转向逃避。

晶苑推行集体责任制，鼓励创新。即使因此出错，亦只对事不对人，使晶苑人能无惧失败，终身学习。

虽不少人已视制衣为夕阳工业，我们却认为行业仍有发展空间；只要能坚持，以无惧犯错之心来创新，一切皆"事在人为"。

易学难精，坚持原则

制衣业另一特性，看似容易，其实易学难精。

制衣及时装行业，生产工序复杂，细节烦琐，参与者众，过程中易产生问题。每张订单，就算来自同一客户，甚至同一款式，也能千变万化，只要材料或设计稍有不同，即须视为新项目处理。

肯尝试，肯学习，肯专注，肯坚持，为晶苑一向之处事原则，也是今日成功之基础。

二、取法管理学大师

柳井正之经营理念

> 善择能者合作，正是其屡能达成愿景之秘诀。

取法于上，立志第一

与晶苑合作多年，亚洲销量第一的零售品牌优衣库的母公司日本迅销公司的创办人兼社长柳井正先生，乃日本最成功的企业家之一，为我尊师，亦是好友，更是晶苑长期的合作伙伴。

我与柳井正先生于1996年首度于香港会面，自此晶苑与优衣库开展合作关系，此为晶苑发展史上一重要里程碑。

柳井正先生最为人熟悉者，为"一胜九败"之哲学。他认为人应由一系列失败中，孕育出下次成功之胚芽，就算历九次失败，能有一次胜利，即已足够。其经商哲学与晶苑勇于创新、不怕困难、坚持到底之信念,如出一辙。

柳井正先生曾公开表示:"优衣库的下一步,就是朝向世界第一迈进。"他在日本总部会议室中悬挂了一幅字画,以中国篆体书法写上"世界第一"四字,以此自勉及鼓励全体员工共同努力。估计未来十年内,优衣库必将超越众多时装名牌,荣膺世界第一。

经多年交往,我深受柳井正先生经商哲学之影响,在他言传身教间,学懂不少卓越的经商智慧。其待人学问及办事作风,我均引为榜样。细阅其著作《一胜九败》《柳井正:怀抱希望》等,其中宣扬无惧挫折、永怀希望之理念,令我获益良多。

受柳井正先生宏图伟略之启发,晶苑立志要成世界第一之制衣企业。晶苑之企业文化及经营作风,亦受柳井正先生及优衣库感染,如视供应商为合作伙伴、彼此互惠互利等。虽然在办事决心与效率上,仍难望其项背,但已学懂要求与坚持。

相交多年,获益良多

于 1996 年初与柳井正先生会面时,优衣库只是一间小规模的成衣零售商,但我已感受到柳井正先生独具慧眼,有着非凡观点与前卫理念。多年来,其敢作敢为,胆识超乎想象,同时又坚守信念,无惧挫败。我亦有幸以合作伙伴身份,

见证其每个成就时刻。

柳井正先生将供应商视为同盟者,力求实现双赢,更会协助工厂、商家解决生产问题,共议如何降低成本,同时不忘坚持极高品质之要求。相对其他时装品牌,优衣库选用的供应商为数不多,却皆能满足其价廉物美之严格要求,俱非泛泛之辈。要达到优衣库的产品要求,晶苑亦自强不息,不断提升品质,冀望能达至完美水平。

柳井正先生处事毫不拖泥带水。他说一不二,清晰决断,更绝少空言,一经判认为正确者,立时办理,既注重效率,亦能善用时间。如每次会议,他均规定须于30分钟内完成,因此与会者会前必须充分准备,预先设想话题,会上他只稍作提问,问题解决,随即散会。

精准决断,言论大胆

柳井正先生之经营理念,有异于传统营销学教科书所言。优衣库之市场定位,为适合全人类所穿服装(made for all),并能坚持不懈,终获成功。

柳井正先生的决断力与眼光,世人难出其右,如大部分优衣库货品均能快速售罄,滞销者则毅然回收,其决断之精准,完全超乎常人。

柳井正先生之言论,有时颇为前卫大胆,如声言要成为世界第一、主张民族大迁徙等,于我辈只属心中向望,却不敢宣之于口者，他却能坐言起行。

善择伙伴，共创未来

对一切商业决定，柳井正先生均以成果为主，具有"以终为始"之味道。如未能合乎期望者，相信绝难与其朋辈论交。合作初期，对暂未达标者，会先予以机会，然而并不代表能苟且敷衍。如三次合作后，仍未能满意，他即会另聘高明。

善择能者合作，正是其屡能达成愿景之秘诀。

相知多年，我深感柳井正先生为人实际，对能交出成绩者通力支持，绝不花言巧语，或乱开空头支票。例如，他从不承诺将来如何合作，但会向我们推销其宏图梦想，力邀我们携手共创未来。我们初时听其宏图，预计何时发展至何等规模，希望彼此配合云云，看似胸有成竹，我们却只是半信半疑。时至今日，优衣库之成就，已有目共睹！

阅读链接 >>>

柳井正先生谈未来制衣业

——2014年12月19日，在柳井正先生办公室的访谈

问：为何优衣库和晶苑集团能够合作超过18年之久？

答：我们的目标和经营哲学很相近。当我第一次遇见罗乐风先生时，我就已经知道，他是一个可以长期合作的好伙伴。

问：你是一个品牌的拥有者，而晶苑是生产商，大家角色不同，你如何看待彼此的关系？

答：不管你是身处时装零售业还是制衣业，我们的目标都一致。我们都在致力为世界提供最好的产品。我其实不介意我们在工作上扮演不同的角色，我只知道，他是很好的商业伙伴。

问：作为一位战略性合作伙伴，你对晶苑及其团队有何建议？

答：晶苑已是一家很杰出的企业，生意做得非常出色，我其实没什么可以置喙了。他们能生产合乎我期望的产品，而且能发挥优秀的团队精神。晶苑多年来一直能维持高水准，团队成员亦无人事变动，实在是一支战无不胜的队伍，也是我们能成功维系合作关系的原因。

晶苑已成为香港制衣业的领导者，当我们开始合作时，

第三章 借鉴:"以专为业",向卓越学习

他们的规模比现在小得多。而晶苑和我的另一个共通点,是大家都专注在时装业、制衣业,大家都是思想单一,集中本业,没有被其他副业左右。

问:我们知道优衣库有成为世界第一的愿景,而晶苑也希望成为世界第一的制衣企业。你对晶苑有何建议?他们应该如何精益求精地进步?

答:我深深感受到晶苑集团卓越的经营和业务表现,所以也没有什么新建议可以提出了。你知道,从罗乐风先生到罗正亮,虽然他们也会不时面对不同的挑战,但他们在欧洲、美国以至日本市场的生意都做得非常成功。

我们将会以世界第一为目标,继续和晶苑一起开疆拓土。从前未曾有人做过类似的事情,有些公司可以在某个领域中做得非常好,却不会在全世界各个领域都能做到。所以我会说,彼此的合作近乎理想。

问:你是时装业界颇具视野的领袖,你如何看待时装业的前景?你可以对时装业和制衣业做一下预测吗?

答:无论是时装业还是制衣业,大家都需要多一点儿启发。与信息科技或服务业比较,大家认为时装、纺织、零售等是古老的行业,甚至有人将其形容为夕阳行业。然而,就算是对最现代化的生活来说,时装和零售始终是人类生活中不可或缺的,因此我们应以从事服装业为荣。

我看到亚洲的时代正在来临,亚洲将成为一时之盛,我们也正步入一个黄金时代。试想,我们真的值得欣慰,在欧洲有 8 亿人口,美国只有 3 亿,将其中的数百万人

置于先进国家中，就足以建立文明。然而，在亚洲有40亿人口，现在正真实地在世界经济中取得突破。世界的生产和信息的中心，就在中国。晶苑身处的位置非常完美，应该好好利用这个"地利"，去创造一个繁荣的未来。

问：我们知道互联网的出现，无论是对经商还是生活，都改变巨大，你认为互联网对服装业有何影响？

答：因为有互联网和信息科技，世界现正在向一个正确的方向迈进。人人都能非常轻易地搜寻到所有的信息，可以拥有自己的广播站，无论何时都能和任何人沟通；人与人之间，公司与公司之间彼此联系，这就是我们现在身处的世界！因此，国与国之间的疆界，已不能限制你的业务发展。

互联网将使全世界都变成像中国香港一样，而香港人其实早已走过世界现正经过的发展之路，因此通过互联网，香港人应该可以处于更有利的竞争位置，并且在新环境下也能适者生存。

问：科技界推出了很多穿戴装置，你认为会不会影响传统的制衣业？例如，T恤或牛仔裤？

答：我相信时装业一直不断地进化演变，不过我却不知道，服装业会不会发展到被信息科技接管的阶段。穿戴科技可以在衣服上加上电脑或谷歌（Google）的产品，但这并不是衣服本身，因此我相信穿戴科技应不会过分扭曲服装业的发展。

问：优衣库推出了很多新技术，例如热技术（Heat

第三章 借鉴:"以专为业",向卓越学习

Tech)、空气轻盈面料(AIRism)等,不知道晶苑能否与优衣库携手合作开发这些新技术?

答: 除新面料外,我们其实需要合作去发掘顾客的需要。例如,热技术之类,长期以来并没有人认为顾客需要这种技术,我们却发现客户的需要和渴求。我们作为零售商,晶苑作为供应商,大家应该携手合作,去发掘消费者隐藏的需要和需求,这样我们才能为顾客提供喜爱的服装。顾客真正需要什么,并非显而易见,他们永远不会告诉我们,他们只希望我们去发掘。

问: 我们见证到优衣库和晶苑的合作和成长,优衣库带给晶苑不少好主意,而且帮助晶苑建立企业文化,尤其是品质管理。大家的伙伴关系如此紧密,令晶苑可以作出长远的业务规划,罗乐风先生经常提及向柳井正先生学到很多,晶苑获益良多。作为合作伙伴,你如何界定双方未来的发展?

答: 在我们这个行业,可以说是不进则退。我们也一定要和拥有类似经营理念的公司合作,只有这样大家才能在和谐及长远的关系中好好工作,这是我们的共同需要,而不只是买卖的关系。

阅读链接 >>>

输钱不输阵，承担建互信

——周健瑜（Iris Chow，晶苑集团T恤及毛衫部营业及运营副总裁）谈与优衣库的合作

我在制衣行业工作多年，优衣库可能是唯一真正能与制衣厂结成联盟的品牌。我们开始为他们服务时，生意额不高。然而，他们已告诉我们一年、五年以至十年计划，而且能依照计划实践。现在，其生意额已是我们日本市场最大份额者，亦是当地唯一的客户。

晶苑和优衣库现已互视对方为长期合作伙伴。优衣库的特点，是他们非常注重诚信和事前的准备工作。他们会要求供应商在生产前做好详细的规划，通盘考虑所有问题，再报出一个合理的价格。

他们也要求生产商具有诚信，所有问题都要事先讨论，不能在生产中途回头和他们商讨，也不能临时加价，否则会被他们责备。当然，如果遇上不可抗力，如天灾和人祸，他们也非铁板一块，若是公道，也可以和他们商量。不过，如非必要，他们都希望我们能言出必行、信守承诺。

记得有一次，我们在安保上出了漏洞，替他们生产的授权品牌，有数百个标签被盗。事情发生后，我们二话不说，立即道歉，并且及时做出补救和补偿。

虽然那次我们吃了大亏，但我们奉行罗先生经常提到的警言"输钱不输阵"，该赔的赔，该救的救。事后，优衣库很欣赏我们诚信负责的态度，以及非常严谨的改善措施，最终不但没有影响到大家的合作关系，而且变得加倍互信。

第三章 借鉴:"以专为业",向卓越学习

高效能人士的七个习惯:晶苑人之共同语言

> 如有员工在工作上各持己见,以往只会僵持不下,难求共识。现时则套用"高效能人士的七个习惯"中的"以终为始"之原则,先探究所需结果,以目标为本,集中讨论如何达成,工作过程能否"要事第一""双赢思维""知彼知己""统合综效"。如此,争拗遂减,且能迅速达成共识,付诸实行。

引进习惯,融入文化

晶苑为跨国企业,工厂星罗棋布,常须面对跨文化、跨国界的情况,故团队沟通须有"共同语言"。有共同语言并非指彼此以英文或中文沟通,而是能以共同文化、态度和观点,达成解决问题之共识。

晶苑多年前引进"高效能人士的七个习惯"这一理念，本用以培养团队精神，提升员工软实力，冀望有助于消除争拗，改善人际关系，增强凝聚力。及后发现"高效能人士的七个习惯"由个人经历出发，反思自省，能改善思维模式，对性格修养及个人提升，均甚有助益。

如有员工在工作上各持己见，以往只会僵持不下，难求共识。现时则套用"高效能人士的七个习惯"中的"以终为始"之原则，先探究所需结果，以目标为本，集中讨论如何达成，工作过程能否"要事第一""双赢思维""知彼知己""统合综效"。如此，争拗遂减，且能迅速达成共识，付诸实行。

工作以外，一众同事在日常生活里，亦受"高效能人士的七个习惯"感染，改变待人接物之态度，工作上备受欢迎，兼享家庭天伦之乐和邻里和睦之欢。

情感账户，促进融和

"高效能人士的七个习惯"中的"情感账户"理念，用以建立和谐关系。

人际交往，无信不立，如银行提存。建立、维持、增强关系及信任，可视为存款；争取彼此间之信任，寻求支持及协助，则为提款。

"情感账户"理念是鼓励以正直诚实、相互尊重、友善有礼、遵守承诺、满足期望、有错当认等作为待人处世的习惯，久而久之，即可使情感账户富足。当需要他人协助时，等于在账户提取积蓄的"人情"。这样不但能减少摩擦，更能体现"上下融和、超越疆界"之核心价值观。

来自不同厂房、不同种族，有着不一样背景的员工聚首一堂共事，"高效能人士的七个习惯"理念普及后，不论沟通语言为何，于工作态度及待人接物上，均拥有共同文化语言，随身兼备"情感账户"，团队遂能更和睦相处、同舟共济，齐向世界第一之未来迈进。

平衡计分卡：规划实践之工具

> "平衡计分卡"能将理念量化为行动纲领，再落实为执行计划，绘成一幅迈向世界第一之路线图。

量化理念，规划未来

晶苑立志成为世界第一之制衣企业，必须化理念为行动，实际执行，方可免于空想。

罗正亮担任行政副总裁时，引进战略管理系统"平衡计分卡"（Balanced Score Card，BSC），协助规划集团未来业务发展，以助进一步迈向战略性管理。

"平衡计分卡"能将理念量化为行动纲领，再落实为执行计划，绘成一幅迈向世界第一之路线图。战略重点罗列于战略地图上，包括愿景、财务战略、客户战略、内部运作战

第三章 借鉴:"以专为业",向卓越学习

略及人力资源成长战略等。每一个战略目标必须有指标、行动方案及负责者。成功要诀在于严格执行已制定的战略目标及行动方案。

此外,我们更需要有中长线的发展计划来确保晶苑未来的业务发展,这就是晶苑的五年业务发展计划蓝图。有了这个五年计划,各业务单位可以清晰地界定如何发展市场重点客户、扩展生产需要、集资及资金流的需求,将资源适当地分配,并提升效率,让晶苑有充分条件成为世界第一的制衣企业。

企业战略,轻松管理

晶苑的企业战略管理模式具体包括六个方面的内容,如图 3-1 所示。

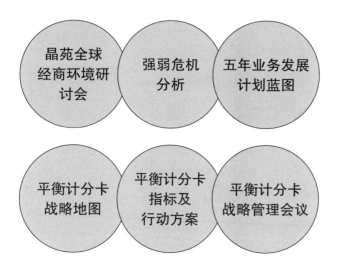

图 3-1 晶苑企业战略管理模式

管理智慧：通用电气之三大启发

> 柳井正先生提出"一胜九败"，认为屡败屡战，终必有成。杰克·韦尔奇则鼓励当机立断，选择良方。二者属不同层次，前者重斗志，后者重决断，宜兼容并蓄，视乎情势，随机应变。

三大智慧，管理所依

晶苑所借鉴的对象，均为世界最杰出之管理人，彼等之思维、视野及经营哲学，均能对晶苑之运营管理，有所启发。

在1981年至2001年期间，担任美国通用电气（General Electric）行政总裁的杰克·韦尔奇，正属其中一位。阐述其管理作风的《杰克·韦尔奇与通用之路》一书，对晶苑之管理方向及实务运作，启发良多。

通用电气对晶苑之启发，在于其三大管理智慧：

1. 难当冠亚，不如归去。
2. 三法决断，以解难题。
3. 活力曲线，臧否人才。

难当冠亚，不如归去

韦尔奇指出："企业业务必须能成为业内冠亚，否则不如归去！"旨哉斯言！实有醍醐灌顶之功。

不少成功企业家，均有类似主张。如三星电子创办人李秉哲亦称："要做就做到第一，不然就退出！"

企业发展达到一定规模后，如不能继续成长，进占业内前列位置，只能中游浮沉，失去追求卓越之动力，不如急流勇退，及早放弃。

正因为如此，晶苑夙夜匪懈，追求卓越与极致，努力向世界第一之制衣企业迈进！

三法决断，以解难题

人在商场，挫折司空见惯。时代变迁，科技发展，政策转向，人事纠纷，无日无之，均不断为企业带来难题与挑战。

遇上难题，如企业难当业内冠亚，或遇鸡肋项目，食之无味，弃之可惜，应如何处理？

韦尔奇指出，处理问题，务必当机立断，不能坐视不理，其方法有三：一、千方百计克服困难，正面解决；二、将问

题业务转售；三、壮士断臂，关闭了事（Fix it, sell it or close it）。

柳井正先生提出"一胜九败"，认为屡败屡战，终必有成。韦尔奇则鼓励当机立断，毫不犹豫。二者属不同层次，前者重斗志，后者重决断，宜兼容并蓄，视乎情势，随机应变。

制衣属劳工密集型行业，早年实施配额制度，为求配额，需如游牧民族般各地设厂，冀望能利用当地低廉劳动力，降低成本，提升利润。

创业经年，转战各地，问题丛生：成本趋高有之，管理失当有之，前景欠佳有之，配额消失，议决关厂，屡见不鲜。近年因全面取消配额制，晶苑遂专注于亚洲毗邻地区设厂，发展渐入正轨。

对难以妥为处理的问题工厂，如求售无门，我们毅然关闭。其中以马达加斯加一役最为决断。马达加斯加工厂亏损较深，幸能因时制宜，及早离场。

活力曲线，臧否人才

韦尔奇善观人于微，认为成功领袖，应具 4E 和 1P 这五项特质。以我所见，具 4E 者（Energy、Energize、Edge、Execute，指精力充沛、善于激励、果敢决断、执行力强）易得，兼备 1P 者（Passion，指对工作与人生之热忱）难求。

执掌通用电气时，韦尔奇创制了"组织活力曲线"。每

第三章 借鉴："以专为业"，向卓越学习

年按个人表现，他将属下高级行政人员分为三级：前20%属A级，次70%为B级，末10%为C级。A级人员可获股票期权、职位晋升等奖励，所得往往二至三倍于B级者；B级人员则论功行赏，以公平为原则；C级人员则革除职务，另寻出路。

晶苑亦参考通用电气模式，对员工表现分五级评核，作为升职加薪及发放奖金之准则。但晶苑并未立即革退表现欠佳者，原因有三：

1. 文化理念不同，中资企业始终较重人情。
2. 实施初期，评核标准尚未确立，易生不公平现象。
3. 晶苑一向"以人为本"，冀望能予表现不理想者以改善之机。

对未能达标者，我们积极跟进，冀望其能进步，大部分此等同事俱能于翌年达标。表现差劣者如连续两三年仍未有改善，只能无奈放弃。

工业工程：数据化生产方式

> 经深入了解，我明白工业工程能将生产力以时间量化，可帮助确立科学化及标准化之管理系统，且无论理念及应用，均能改善生产管理，故选定先在毛里求斯工厂试行。

工程顾问，来港传艺

工业工程（Industrial Engineering，IE）优点众多，有助于设计最佳工序，从而以最低成本、最高效率生产，并能以所得数据，分析各岗位、各生产线，以至各厂之生产力，考量资源配置程度如何，生产力能否提升，是否需要改善，等等。

传统制衣厂，全靠师傅经验，来估算各岗位中不同款式服装的产量，并据此预算生产成本、交货日期、薪金开支等。不同师傅各施其法，估算各异，数据参差，明知不利于运营

第三章 借鉴:"以专为业",向卓越学习

管理,却苦无解决良方。

上个世纪80年代中期,以美国为总部,享誉全球之工业工程顾问公司嘉思明咨询公司(Kurt Salmon Associates,KSA)向晶苑力推工业工程,并多次来港,介绍相关理论、执行方法及预计成果。经深入了解,我明白工业工程能将生产力以时间量化,可帮助确立科学化及标准化之管理系统,且无论理念及应用,均能改善生产管理,故选定先在毛里求斯工厂试行。

初期所托非人,未通其窍,一度有意放弃,后终因择善坚持,并以电脑支持,学会解读数据,运用得宜下,终见成效。其他团队见状均跃跃欲试,遂由1986年起,逐步引进至晶苑各地厂房。

如当日未能坚持,晶苑的发展欠缺工业工程支援,根本难以应付现时生产规模之所需,更遑论发展成为世界第一的制衣企业。

世界级管理模式：取法贤能，精益求精

> 思而不学，学而不思，均属不足。学习过程，忌囫囵吞枣，宜取长补短，择善而从。

终身学习，兼收并蓄

创业46年，无论自己或晶苑，均坚持终身学习，冀望能不断自我完善。

古语云："君子之学，贵乎慎始。"故须严选学习对象，根据自身条件，借鉴世界级机构管理模式，或举世公认之管理大师智慧，兼收并蓄。

思而不学，学而不思，均属不足。学习过程，忌囫囵吞枣，宜取长补短，择善而从。

我们愿将晶苑建设为学习型组织，团队愿接受新知，效法世界级管理经验，向卓越者学习，以成功者为师，观摩最

第三章　借鉴："以专为业"，向卓越学习

佳运营实践，取法乎上，结合实践，即可奠定迈向世界级之优良基础。

向卓越学习，不免摸石头过河，成功虽非必然，但只需将其视为经验积聚，每经一蹇，能长一智，终有裨益。

晶苑取法贤能，除前述者外，主要包括以下数家。

取法丰田，精益生产

生产管理方面，晶苑所取法者，为丰田汽车"精益生产"（Lean Manufacturing）理念，注重供应链管理，优化生产流程，力减生产过程浪费，从而为生产商、客户及消费者创造经济价值。

丰田汽车采用"准时生产"（Just In Time）方式管理供应链，自家不存零件，当生产至某一阶段，供应商即实时送来所需。此法须供应商与生产线配合无间，事前更须妥善策划生产流程，于汽车生产，已证行之有效。

同样理念，制衣业能否通行？我们坐言起行，尝试引进，发现准时生产配合工业工程，即能在生产线上活用精益生产理念，渐成竞争优势。

借鉴五常，精确分析

日本管理智慧,令人津津乐道者,除精益生产外,尚有"五常法"，用于日常工场管理。

五常法指"常组织、常整顿、常清洁、常规范、常自律"。晶苑再依实际所需,添加"常安全"一项而成"六常法",冀望能提高工厂之职业健康安全管理水平。

除生产运作数据化管理外,晶苑还引进"作业成本法"(Activity-based costing,ABC),用以计算生产活动之不同成本,更精确地进行业务利润分析。

推自动化,保证素质

除工业工程以外,晶苑也积极投资自动化生产。

自动化生产成本虽较高,且易眼高手低,有时未必实用,但我始终鼓励引进。究其原因,在于成品标准化程度高,品质就可保证,且可替代人力,长远而言既有助降低成本,又可推动管理现代化。

生产流程,现已引进不少自动化设备,如牛仔裤以激光技术绘纹磨孔、以机械印T恤熨画等,大为缩短生产时间,所产成品标准化程度远胜人手制作。此外,因设计图样已同步归档于电脑系统,日后如需加制就更简单便捷。

三、推行电子化的历程

解决电子系统与企业间的矛盾

> 先天优化不足，后天频繁修正，应用电子系统后，生产力不升反降。本应系统服务企业，反而企业需役于系统，岂非自找麻烦？

初推之时，矛盾丛生

初推电子化时，有种思维误差，即企业欲以电脑作操控员工之工具，而非用于提升产能。

其时，推电子化，本欲借输入数据，以监察大小活动，同时也担心重要资料外泄，故要求数据输入的程序须经多重审批，电子系统因此未能发挥应有效用，反而助长官僚作风。

经过多年经验积累，我才逐渐领悟此误差，实源于电子系统与企业管理之矛盾。

电子系统与企业,本无矛盾,管理人误用,问题遂生。

电子系统本乃服务企业之工具,应用于提升生产力。若用于操控员工,则变内耗能量,令简单事情复杂化,工作徒添关卡。故实宜以开放、透明态度处理。

不少机构引入系统时,刻意增减功能以适应自家流程,冀望能改善当前运作,却往往忽视未来需要。或用者对整体系统认知不足,以致未能物尽其用,甚至弃用部分国际标准化组件,大好系统,遂变非驴非马。

先天优化不足,后天频繁修正,应用电子系统后,生产力不升反降。本应系统服务企业,反而企业需役于系统,岂非自找麻烦?

黄金守则,消弭矛盾

2000年,适逢要解决"千年虫"问题,晶苑于是决定更换全新系统。当时,我就企业与电子系统之矛盾,总结体会,订出三条"黄金守则":

1. 以开放态度改变思维,重订电子应用方向。
2. 借鉴世界一级企业之电子化管理模式。
3. 选定系统后,用者须学习应用流程,而非刻意更改系统,迁就现有缺乏效率之运作。

第三章 借鉴："以专为业"，向卓越学习

以上守则，均旨在提升生产力，并冀望能遵循系统之国际标准，改善目前工作流程。因要改变旧有思维，全盘学习新流程，三条守则，曾招来不少议论。

但此方案能一劳永逸，消弭企业管理与电子系统之矛盾，使电子系统能真正发挥提产能、助运营之功效，故新电子系统最终在晶苑顺利推行。

SAP 系统：电子化政策之转折点

> 德国人重纪律，凡事一丝不苟，工作要求精准。我们在用其产品的同时，更需学习德意志民族之精神。

趁机整合，决意采用

进入 2000 年，全球电脑均须面对"千年虫"问题，晶苑亦于电子化政策方面，作出两大改变。

首先，弃用自家编写之"电子商业应用程序"（Computer Business Applications，简称 CBA），转为采购市场现有，并符合公司需要之方案。

其次，整合并统一改用高效电子系统及解决方案供应商，慎选一至两家合作。

多年来，晶苑之电脑硬件，虽为统一采购，然各分公司以至各厂系统，均属独立运作，如同孤岛。个别同事，甚至弃电脑不用，仍以手工记录；归档各自为政，管理之纷乱可想而知。

因此，我决定趁机整合，将全公司之电子工作流程，予以统一，以便管理。此举影响极深，可谓晶苑发展史上一重要里程碑。

据美国《财富》杂志报道，全美国100家信息科技企业中，逾78家采用SAP系统，包括大型电脑公司IBM、微软、惠普，甚至苹果电脑公司。既悉各大国际电脑公司，均为SAP用户，即无须再货比三家，公司决意采用SAP系统。

全新系统，试点推行

德意志民族重纪律，凡事一丝不苟，工作要求精准。SAP为德国产品，活现此精神面貌，系统要求由初始输入程序起，即须全按规定严格执行，前端苟有误差，便须层层重做，故每进一步，均须小心翼翼。

晶苑推行电子化多年，使用者对旧法早习以为常，一时全盘改变，未能即时适应，工作量骤增，加上对系统认知不深，信心未建，因而怨声频闻。

集团信息服务部主管丁自良（Karl Ting）提议，既然系统成本高昂，熟练操作需时，应选一试点先行。我同意此议，经商量后，选以罗正亮当时领军之毛衫分公司作先驱，与信

息服务部合建 SAP 系统。

当年系统属标准版本，未兼容制衣行业需要，初推时，同事虽已学习新系统，却未能随之用于日常运作，自难以牢记，故适应不易，令 SAP 应用举步维艰，进度缓慢。

应用两年，成效渐彰

毛衫分公司试用一年，同事方始适应。其时正逢 SAP 推出时装与造鞋业适用之系统，所添功能可处理淡旺季业务、外包工等制造业特色，分析报告亦见实用。大型运动鞋品牌如 NIKE、PUMA、Adidas，甚至内地的李宁，皆成 SAP 用户，更促使其优化系统，客户应用亦渐次得心应手。

晶苑所用 SAP 终端对终端（End to End）管理及数据运行系统，由接取订单至送货收账（Order to Cash），当中一切流程，包括订单及物料处理、生产规划、产能处理、货品物流、财政事务、数字统计等，尽能精确处理。

SAP 之设计，原本基于备货型生产（Make to Stock）模式，而晶苑业务属订货型生产（Make to Order），故为配合实务所需，曾作若干调整，并于其上加设众多"外挂系统"，各司不同功能，如衣架以骨干般串联。

毛衫分公司引进 SAP，虽过程漫长，适应维艰，但在系统运作两年后，终能积累经验，掌握其长，得以将日常运作融入应用，成效渐彰。

第三章 借鉴:"以专为业",向卓越学习

全晶苑人奋战的时光

> 革新之初,阻力难免,管理者要下定决心,力转团队思维,改从卓越运营模式。当中以强势领导,辅以齐心团队,善于应变,方能水到渠成。

选定精英,领军规划

SAP推出时装与造鞋业适用之系统,加上毛衫分公司推行有效,公司上下均认同时机成熟,遂考虑再向前一步,将SAP最新版本推广至全集团普遍应用。

这比仅在毛衫分公司使用规模庞大多倍,信息服务部先设计全集团应用蓝图,包括毛衫、牛仔裤、T恤、内衣等分公司之运作。由于涉及整个集团运作之革新,责任重大,我们委派执行董事王志辉负责全集团转用SAP之流程及前期准备。王志辉极为熟悉厂务运作,工作效率高,不喜蹉跎光阴,

大我为先

既有独特见解,又能兼听四方,领导革新,自属理想人选。

"非典"岁月,室内奋战

那时,王志辉于集团总部选定一室,定名"战斗室"(War Room),然后召集各分公司负责业务与生产单位之管理人员,与信息服务部同事,共数十位并肩作战。他规定众人每日下午4至8点,埋首室内,共研"SAP整合大计"。其主要要求包括:

1. 新系统须贯彻多个部门,由报价至送货所需,能全面提高各工作团队效率。
2. 为总部及各分公司提供实时综合数据,不论何时何地,均可于远端取用。
3. 与SAP国际通行之原框架共融。
4. 建构高度标准化、透明化信息科技宏图,可供各生产不同类型产品之分公司共用。

"战斗室"众人皆认真投入,先于墙壁上绘出多家分公司的整个工作流程,由销售、生产、出货至收账等程序,巨细无遗,再共研如何与SAP系统平台整合。

所订整合蓝图,所涉范畴繁多琐碎,唯恐挂一漏万,众人均小心翼翼,竟致废寝忘食;不觉夜阑,挑灯奋战,屡屡通宵达旦。由此,显见晶苑人因公忘私、大我为先之团队精神,令人动容。

当时正值 2003 年，香港"非典"肆虐期间，熟悉业务者本应四处公干，却因流行病而不宜远行，滞留香港，正好共襄大计。集团上下奋战数月，SAP 系统初稿终成。

系统支援，一统互通

此次"集团版"初稿先在 T 恤分公司试验，等见成效后，再在其他分公司分期推行。此后，全集团均统一以 SAP 系统支持。多年来，SAP 曾历数度升级，时为大改，时仅微调，晶苑皆能紧贴，同步更新。

经 SAP 支持，集团之信息流通，遂得以化繁为简，足以应付目前极大规模之生产管理。无论何时何地，管理层均能以电脑掌握各实时数据，由整体业务、各分公司、国内外工厂，以至个别订单，均可一目了然，SAP 已成数据化管理不可或缺之元素。

对集团长远发展而言，SAP 更具优势。各生产线现已组成不同系统模块（Module），开设新厂时，只须安装模块套件，即能迅速接轨主机，生产流程等所须信息，尽在掌握，新厂遂能快速投产，大大节省时间。

晶苑之生产规模，已非昔日可比，如欠 SAP 系统支持，管理问题势难从容解决，迈向世界第一之路恐变得遥不可及。

革新之初，阻力难免，管理者要下定决心，力转团队思维，改从卓越运营模式。当中以强势领导，辅以齐心团队，善于应变，方能水到渠成。

选用先进系统之理念与心法

> 快人一步，往往能领导群雄，亦能得以早享成果。武侠小说家常言："天下武功，无坚不摧，唯快不破！"

团队配合，四重理念

系统运作顺畅，有赖执行。先进系统，如欠团队配合，亦无用武之地！

在引进SAP的过程中，晶苑人突显以下四重独特理念：

1. 团队精神，大我为先：为使SAP系统运作顺畅，团队秉承"大我为先"理念，上下一心，夙夜匪懈，不辞承担额外工作。

2. 随时转变，择善固执：昔日应用电脑经验，虽未如人意，但团队信任管理层之选择，乐意同心同德，以追求卓越心态，转用崭新系统，冀望能达至最佳效益。

3. 人无我有，人有我优：大家持一致目标，向世界第一之制衣企业奋进。尽管适应需时，仍能无怨坚持，将世界一流电脑系统及软件，融入日常运作中，借此开创"人无我有，人有我优"之竞争优势。

4. 改变思维，提升效能：管理层能摒弃以电脑操控员工之错误思维，重订策略，用以提升产能及运营效率，以人役物，而非人役于物。

四大心法，执行金钥

执行电子化的过程，一步一个脚印，实践所得归纳成科技应用四大心法，可谓执行之金钥：

1. 黄金守则：采用蜚声国际之顶级系统，借鉴其智慧，以不改动原有逻辑思维及框架为原则，促使集团接轨国际标准，力求达臻系统标准化。

2. 以简制繁：信息服务部之座右铭，为"KISSS"，当中字母各具深意：

    ◆ K=Keep（保持）。

    ◆ I=It（它，指事物）。

◆ SSS=Simple，Standardized，Speedy（简单，标准化，迅速）。

简单的三个 S，提纲挈领，指出应用电脑之道，在于"以简制繁"。

3. 快人一步：以速度取胜，往往能领导群雄，亦能得以早享成果。武侠小说家常言："天下武功，无坚不摧，唯快不破！"与晶苑率先采用 SAP，制胜商业竞争，道理如出一辙。

4. 共享双赢：双赢为"高效能人士的七个习惯"中的一个，乃晶苑企业文化的一部分。推行 SAP 后，冀望部门及分公司能互享得失，共同进步，提升产能，服务客户，达至共赢。

上述四重理念、四大执行心法，非只见于电子化进程，亦早融入晶苑的日常管理中，潜移默化，已成为企业文化之组成元素。

第三章　借鉴："以专为业"，向卓越学习

SAP 应用获奖，达致世界第一

> 丁自良即以嚓亮声音，在台上回应："我来自香港，是中国的一个城市，我是香港人，是中国人！"立时全场掌声雷动，SAP 系统为晶苑、为香港，亦为中国争了光！

成效昭彰，亚洲第一

晶苑采用 SAP 系统后，成效昭彰，屡获 SAP 公司颁奖表扬，并常应邀以模范客户身份，与其他客户交流分享。

SAP 公司以严谨态度考核，定期衡量用户能否充分应用系统，标准认证共 17 项，每项皆具学问。其中，基础级须通过四项认证，香港仅三家公司通过，包括中华电力、香港铁路和晶苑集团。

百尺竿头，更进一步，晶苑于更高一级认证中，名列亚

洲第一，获 SAP 公司提名参加国际比赛。

比赛于 2008 年在爱尔兰举行，决赛入围五家公司，均须派代表到场发表演讲。晶苑代表为集团信息服务部总经理丁自良。

宣布名次当日，丁自良接获通知，晶苑获得年度世界冠军，他须在四小时后举行之颁奖礼上分享经验。

台上争光，屡获殊荣

结果宣布，丁自良上台时，但闻台下议论纷纷，众人皆是诧异，该项比赛竟打破先例由亚洲人夺冠。更有俄罗斯代表，询问站在台上的是不是日本人。

丁自良即以嘹亮声音，在台上回应："我来自香港，是中国的一个城市，我是香港人，是中国人！"立时全场掌声雷动，SAP 系统为晶苑、为香港，亦为中国争了光！

其后数载，晶苑常保亚洲区冠军席位。2011 年，再于西班牙马德里脱颖而出，夺得世界冠军殊荣；2013 年，赴德国 SAP 总部参赛，亦获得亚军，排名仅次沃尔沃汽车。

对 SAP 而言，晶苑并非生意额最高之重要客户，对其整体盈利贡献有限，然晶苑三度胜出国际赛事，故亦获邀晋身 SAP 名人殿堂（Hall of Fame），与七八家跨国企业并列。晶苑乃当中首家亚洲企业，规模亦为最小者。

香港方面也捷报频传，在内地与香港企业市场发展促进

第三章 借鉴："以专为业"，向卓越学习

会（EMDA）举办的"2014年大数据分析奖"评选中，晶苑荣获"制造业大数据分析奖"。主办方表扬晶苑能将运营数据纳入管理范畴，系统可实时整合世界各地数据，方便管理层分析、预算及策划高效执行方案。

晶苑以迈向世界第一之制衣企业为目标，而于应用SAP上，已率先达致世界第一水平。具此佳绩，信息服务部能秉持"大我为先"理念，向卓越学习，善用其器，着实功不可没。

第四章 团队：

"以人为本"，注重培育英才

一、"以人为本"的团队文化
二、工作应有之态度
三、人力资源策略
四、广纳及培养人才

大我為先

一、"以人为本"的团队文化

晶苑人的"基因"内蕴

> 团队成员若能以目标为本，集思广益，同心合力，善于应变，终身学习，团队又岂会不团结？公司又岂会不进步？

人才之路，分段发展

企业以人为本，业务由人推动，故晶苑极重视人才。

晶苑发展至今，已历 46 载，招聘征贤，发展人才之路，由难而渐易，由窄而渐宽。数十年来，人才之路可粗略分为以下四个主要阶段。

第一阶段，创业伊始，可喻为山头处处，各自为政之局。其时，企业忙于招聘及挽留人才、应付办公室政治、处理人事磨合等，饱受煎熬，往往精疲力竭。

第二阶段,始于推动企业文化,后经多年努力,团队渐统思维,"以人为本"精神初见雏形。

第三阶段,引进"高效能人士的七个习惯",团队渐拥共同语言,进一步深化企业文化,凝聚人心,逐步实现无疆界组织。

第四阶段,推行可持续发展,上下一心,共同努力实现"以人为本、大我为先、关爱世界"之企业,并开展未来领导培育,发展接班梯队,冀望能助晶苑迈向世界第一,永续经营。

以人为本,并非空谈

"以人为本",反映"大我为先"精神,亦为我多年来于晶苑全心全力推动之企业文化。

在晶苑团队,"以人为本"并非一句口号,而属深入人心、身体力行之企业文化,上下均能尊重"人"之价值。无论待人接物、工作处事,皆能换位思考,先想对方所需,并注重各利益相关者,包括员工、客户、股东、社会,以至全人类之福祉。

晶苑之制度设计亦循"以人为本",崇尚人性化管理之道,并能深入各阶层,成为晶苑人之共享文化。

晶苑之企业文化,获不少客户和同行赞许,誉为业内最成功者之一,并屡获相关奖项,以资鼓励。

第四章　团队："以人为本"，注重培育英才

团队一心，值得信赖

我们注重团结、沟通和交流，属下各分公司及部门间，不存在恶性竞争，反能互相学习。各级员工均视公司业务为己业，投入时间、心力不在话下，更屡献良策，帮助公司成长进步。

晶苑的商业合作伙伴及客户，包括日本迅销有限公司主席柳井正先生、香港德永佳集团主席潘彬泽先生、互太纺织控股有限公司主席尹惠来先生等，皆称誉晶苑团队上下一心、以客为先、应变力强、管理层稳定性高，值得信赖。

团队战员若能以目标为本，集思广益，同心合力，善于应变，终身学习，团队又岂会不团结？公司又岂会不进步？

阅读链接 >>>

晶苑征才、用才和育才之道
——王志辉谈个人体会

● 促膝夜谈，聆听汇报

我在1982年加入晶苑，最初八年主要在中国内地，以及马来西亚工作，并于1986年调至毛里求斯任职总经理。

上个世纪80年代，信息和交通均不如现在方便，我每年只有几次机会与罗先生会面。

罗先生与罗太太每年必定安排时间到访国内外工厂，一为了解工厂管理情况，二来更重要者，是想听取同事意见，并为同事打气。

记得当年，香港飞赴马来西亚及毛里求斯的航班，往往于深夜抵达，每次他们刚抵达，即会邀我到酒店商谈，彻夜听取汇报。

● 鼓励承担，善征人才

难得与罗先生见面，我尽量把握时机，将遇到的困难一一向他们汇报。然而，罗先生往往不会直接给予答案，而是只分享其看法与经验。当时我大感不解，罗先生既是老板，为何不直接下达指令呢？

及后，方了解他希望我们身负管理职责者，能因时制宜，承担起责任。上司只需让下属知道何谓要务、重点何在、公司最终目标为何，并与下属分享经验，借此希望他

第四章　团队:"以人为本",注重培育英才

们能多注意某些细节,为可能遇到的问题未雨绸缪,而非断下指示,替代下属作决定。

我于1989年被调回香港,负责T恤及梭织部门,1995年晋升为集团执行董事。回香港工作后,我有更多机会接触罗先生,从旁观察,对他征才、用才和育才的哲学有了更深入的认识。

征选人才,除个人学识才干外,罗先生更看重其是否诚信、工作积极性如何、是否愿意持续学习及接受改变。当中,罗先生最重视下属的自我学习能力。他经常说,一个人今日能干,但一年后、五年后又如何?世界不断进步,竞争对手也不会停步,如果未能与时俱进,易抱残守缺,停留于过去的处事方式,企业最终将难逃遭市场淘汰之厄运。

● **重视权责,充分授权**

用人方面除考虑学习能力及工作表现外,罗先生更重视每位同事的责任感与个人修养。

他也常说"权责"二字,权力和责任本应是相生相随。不管职位多高,没有责任感的人,其权力是虚弱的。如想让同事尊重你的决策,齐心协力工作,就必须对自己的决定承担责任。

育才方面,除鼓励同事学习及接受培训外,罗先生认为最重要是充分授权,鼓励他们自行处事,于实战中磨炼学习。罗先生相信,当同事拥有自主权后,即使第一次处事时未能达到100分,甚至失手碰钉,但他在过程中所学到的远比事事亲手教导所得更多。当他第二次、第三次再

大我为先

做相类工作时，便会利用积累到的经验，自然能一次比一次进步，最后结果可能超出预期。

- **潜移默化，成就团队**

罗先生以自我言行，实践出"大我为先""以人为本"的理念，并成为大家学习的榜样。潜移默化下，晶苑培养出独特的企业文化及价值观，育成一支支具有工作热诚、虚怀若谷、随时学习，并且重诚信、有承担、愿受磨炼的高效团队。

第四章　团队："以人为本"，注重培育英才

同分享、齐关怀、共成长

> 企业员工来自五湖四海，文化背景各异，故推动员工关爱，首先要尊重多元文化，务遵"以人为本"之纲和"同分享、齐关怀、共成长"之领。

引以为戒，尊重个人

血汗工厂不绝、滥聘童工、工业意外频发、工人不胜压力自残等现象，新闻报道时有揭露。更曾有工厂宿舍，为防员工盗窃夜间上锁，却不幸发生火灾，致伤亡众多，令人闻之黯然。

问题根源，除管理不善外，亦缺乏对人之尊重。

以内地工厂为例，工人为谋生计，不惜千里迢迢，由外省远赴广东工作，家中老少乏人照料，企业又岂能漠不关心？

晶苑以此为戒，不论员工职位高低，均尊重其人之价值。

关爱员工，崇尚和谐

员工来自五湖四海，文化背景各异，故推动员工关爱，首先要尊重多元文化，务遵"以人为本"之纲和"同分享、齐关怀、共成长"之领。

晶苑旗下不少工厂，均设关爱中心，由驻厂辅导员聆听员工心声，使其能一诉思乡之情，或纾解情绪困扰。如涉公事，关爱中心即予转介，由管理层或负责者跟进及回应。

日常工作，生活细节，亦无一忽略，如在车间设置防滑垫，以保障需长久站立者安全；妇女节日，高层管理者向女员工献花；冬夜御寒，延长宿舍浴室热水供应时间；等等。

内地同事，习惯午休，东莞厂房于该时段熄灭照明，并于指定地点设置卧椅，供员工饭后小憩，以适民情。

民以食为天，厂方尽量照顾不同省籍员工的饮食口味。如东莞工厂，不少员工原籍湘鄂，无辣不欢，故指示饭堂，每餐必备风味辣菜。北方人饮食异于南粤，除米饭奉膳外，增设面条饺子，以供北方员工选择。食知其味，自能触发干劲，亦减其思乡之情。

关怀延伸，惠及家人

晶苑视员工家人为大家庭之一员，常鼓励员工家属参与公司活动，使其能了解员工的工作环境，领会企业文化，企业人才也因此被挽留。

不少内地同事,夫妻皆任职晶苑,故企业在安排宿舍时,尽量预留夫妻房。此举符合人情,亦能提高员工归属感。

关爱文化,延至社会

尊重个人,向来是我的座右铭,晶苑以人为本,推行家庭式关爱,亦早已融入企业文化中。

新入职者,均须接受企业文化培训,以明晶苑"以人为本"精神;对基层员工,则于工作中安排实践机会,让其亲身体验,效果较上课为佳。

施比受更为有福,故公司在内地与香港,均设志愿者团队。对员工参与志愿服务、关心社会之举,公司常予鼓励,并尽力安排活动,如照顾长者及弱势群体,以及植树、献血、助学等。此举有助于宣扬"以人为本"理念,使其渐成共同语言,并有助于提升员工精神文明及个人价值。

员工流失率低,团队方能稳定,从而发挥高效,亦能减免招聘成本。观乎广东各处,工厂均闹人工荒,如纯以功利出发,口言关爱,表里不一,或仅付较高工资,冀望以此留住工人,实难凝聚人心,恐亦效果不彰。

认同文化,减少流动

"大我为先"为晶苑之理念,故晶苑极重"大我"与"小我"之间的互动。

新人入职,即为"小我",自需适应"大我"环境。如有个别新人,不认同此价值,甚或未能适应,自会离去,故能留下者,皆已认同晶苑的企业文化。

晶苑管理阶层,人事变动率颇低,高层管理者流动率更近乎于零,于集团工作二三十年之管理人员比比皆是。究其原因,乃众人皆服务多年,认同晶苑之企业文化,归属感强、责任心重。纵使间有离职者,开始时在外工作,即能有所比较,明白晶苑"以人为本"的理念确有优胜之处,因此不少人已重返晶苑之家。

第四章 团队:"以人为本",注重培育英才

阅读链接 >>>

中山益达牛仔裤厂以人为本的故事
——雷春(中山益达宣传部经理)讲述亲身经历

● **爱心基金,资助贫困**

阿玲是中山益达牛仔裤厂的一位工人,不幸罹患癌症,当时连自杀的力气都没有。后来,晶苑发动员工为她筹款,还负责她的医药费用,阿玲奇迹般地痊愈了,康复后又回来工作。公司特地安排她加入物流部,处理较为轻松的事务。

该厂人力资源部主管林泉龙有见于此,以员工关爱作为基础,建议筹建一个爱心基金,以帮助有需要的员工。爱心基金主要由员工们捐献,公司额外资助。如遇上员工患病,没能力支付医药费时,基金就会代为支付。

员工的直系亲属,也可受惠于这个基金。几年前,有一位中山工厂的员工,父亲需要做手术,但家里真的没有钱,他就去找职工大会主席请求帮助,爱心基金因此批了一笔钱给他,作为他父亲的手术费。

● **探访家属,真切关怀**

《中山企业跋涉千里抵鄂山村给优秀员工拜年》,这是《南方工报》一篇报道的标题。当时,为了给连续三年获得"优秀员工"的杨勇拜年,中山益达牛仔裤厂人力资源部主管林泉龙和几位同事一同带上礼品,远赴千里之外的湖北。他们租了一辆大巴车,去杨勇家探望。春节返厂时,企业还把这位优秀员工的爸妈、妻子、儿女一同接到公司的春节晚会上。这让员工及其家人真真切切地感受到了公司的关怀。

151

阅读链接 >>>

马来西亚关厂志
——黄绮丽（Tina Wong，晶苑集团T恤及毛衫部助理总经理）忆述告别马来西亚工厂

晶苑设于马来西亚的工厂，于1976年成立，名为Palace Garment（宫殿服装）。早期该厂曾发生过劳资纠纷事件，有工人抬着纸棺材到工厂抗议。

后来，公司派了现任集团执行董事王志辉担任主管，积极推动"以人为本，关爱员工"运动，最终令当地工人大为感动，厂内无论上下，就像家人一般融洽相处。

当时，我是马来西亚工厂的销售经理，也以能成为团队的一分子为荣。同事们每天努力打拼，当时的成绩和产能，也相当出众。

后来，因为出口配额取消，面对成本上涨，集团需要转型，不得不放弃在马来西亚的生产设施，并计划关闭工厂。

这是一个艰难的决定！一班共事30年的同事，亲如手足，一旦分离，这份深厚感情，真叫人惋惜。其中不少中层管理人员，都是由基层晋升上来的。他们经过晶苑的培育后，提升了个人的能力，已经不愁找不到新工作，所以大家都心存感激。

当消息传至工厂，同事均表示明白公司处境，但大家仍然齐心合力，不仅没有松懈，反而更积极地想尽办法提

第四章 团队："以人为本"，注重培育英才

升效率、减低成本，希望工厂能多生存一天就多一天。工厂品质主管亦以无私精神，将高要求的管理经验，传授予毛里求斯工厂，令公司能继续在彼邦服务同一客户。

全厂上下众志成城，共同努力降低成本，使得关厂计划延长了好几年，最后工厂于2006年关闭，画上了圆满的句号。

工厂正式关闭当日，罗先生、罗太太亲自来到马来西亚，参加工厂的结业午宴。原本以为是有些尴尬的场合，想不到迎接他们的，竟然是一场愉快的派对。

宾主双方不但未存芥蒂，而且同事们还更加卖力地演出各种节目，以表达对公司的感谢，场面令人很感动。

想不到一间工厂结束业务，也可以在欢乐的气氛下完成，大家能开心分手，实在值得回味。

大我为先

二、工作应有之态度

享自主权，正面担责

> 公司既委派工作于你，你即成为主人，须一力承担，有责任达致所许目标，不负公司期望。凡未能达标者，务须反省。

自主承担，齐心合力

晶苑执行"个人责任制"，其意义众所周知："公司既委派工作于你，你即成为主人，须一力承担，有责任达致所许目标，不负公司期望。凡未能达标者，务须反省。"

晶苑一向注重充分授权，管理委员会订立目标后，即授权予分公司，再下达至不同部门主管，如臂使指至各级人员。员工皆已充分授权，自决如何达成任务，随之须作出承诺，订出彼此认同之工作目标，并致力达成。

第四章 团队："以人为本"，注重培育英才

每遇重要的新项目，则先做可行性研究，在确定执行方法后，成立指导委员会及工作委员会，各委派一负责人主领项目，直至完成。当中人员各司其职、各尽其责，齐心合力完成任务。

指控斥责，无助解难

以人为本，要求团队不容许卸责及指控文化，遇事应持正面态度，先欣赏贡献，后评价表现，而非鸡蛋里挑骨头，吹毛求疵。

晶苑文化，向来以解决问题为先。事后方检讨责任、言论及态度，讲究对事而不对人，商量而非训斥，互相指骂于事无补。问责并非找人祭旗，旨在商讨改善之法，以免重蹈覆辙。

管理者应具备企业家精神，开拓创新往往比萧规曹随更易出错，如能于错误中学习，汲取教训，则进步可期，个人及公司皆蒙其利。晶苑推行充分授权制，鼓励同事自主，多学多做，其理即在于此。

领导之道，以人为本

> 企业领导者、上司或部门主管应严于律己，以身作则，较下属更显"以人为本"作风，方能服众。

领导风格，十大要点

作为企业领导者、上司或部门主管，应严于律己，以身作则，较下属更显"以人为本"作风，方能服众。

我订立以下十项"以人为本"之领导风格，愿同员工们共勉：

1. 发挥领导魅力，赢取团队尊重及信任。
2. 以身作则，身体力行。
3. 正直诚信，公道行事。

第四章 团队:"以人为本",注重培育英才

4. 透明度高,言出必行。
5. 待人处事,去官僚化,绝不假公济私。
6. 具责任心,常自省得失。
7. 下属表现欠佳,上司承担有责。
8. 下属士气,切忌打击。
9. 深具远见,为公司可持续发展做出贡献。
10. 鼓励员工同心协力,视公司目标为自己的目标。晶苑的目标即为:共同迈向世界第一之制衣企业。

遇到问题，恰当解决

> 如仅将涉事员工调至他处，只如鸵鸟埋首，不能根治问题。如属个人操守问题，调动职务，实乃将问题转送至其他部门，效果恐适得其反。

对人对事，易地而处

多年以来，我待人处事，均先为别人设想，以对方所需出发；所下决定，均先思量有否伤害他人，是否有愧于人，他人感受如何。

记得我那时年纪尚轻，在父亲的合资企业主管生产。我经常目睹某洗衣房主管，工作散漫，阳奉阴违，遂直斥其非，然其不懂自省，更以诸多借口企图开脱。当时我年少气盛，竟还以粗言！

及后回想，其人工作不诚，迟早遭解雇，而我作为领导，

第四章　团队："以人为本"，注重培育英才

应自重，亦应重人，今以一时之气，粗言指骂，不禁心有戚戚。

我自省有错，遂于翌日亲往他处道歉："非常抱歉，昨日以粗言斥骂，对不起！"此举乃尊重人之价值，衷诚致歉，亦非辱事。

经多年努力，我在晶苑建立"以人为本"之企业文化。同事相处如大家庭，罕有严重冲突。偶尔因工作矛盾，或有不和，亦只对事，非针对人，更不容许出言侮辱对方，这充分体现了尊重人之核心价值观。

清晰交代，避免争拗

如员工间存在矛盾，相处不和，管理层必须亲自了解情况，探寻核心所在，然后彻底解决问题。

根据经验，如仅将涉事员工别调他处，只如鸵鸟埋首，不能根治问题。如属个人操守问题，调动职务，实乃将问题转送至其他部门，效果恐适得其反。

除"以人为本"外，晶苑尚秉承高透明度、个人责任制等核心价值观。交代任务务必详细，清晰沟通后共订目标、衡量标准及公司期望。明白规则所在，方予放权，由对方自主完成任务。

最后如未达标，因权责指标早已明言，彼此认同，问责之时可免争拗。如对方出尔反尔，则表明其欠缺担当，难委重任。如不认同权责指标，应反对于初，或提出自己的建议，而不能于事后推脱责任。

三、人力资源策略

未雨绸缪：纾解人力资源危机之道

> 晶苑集团规模日大，企业文化别具特色，亦难于业内征才，故思以内部培训，择贤晋升，应较切合需要。

管理人才，着实难求

晶苑创业46载，上下努力不懈，渐将他人所谓夕阳行业转化为骄阳行业。

虽有光明前途，但每当招聘中高层管理人才时，却又极难于市场纳得贤者。因业内以中小企业为主，有能之士早居要职，或自行创业。再则，经验符合者，年龄也必不轻。

中国人口虽多，且开放多年，然欲求曾受正式制衣训练之管理专才，仍感欠缺。加上制衣实业，需勤劳苦干，晶苑

第四章　团队："以人为本"，注重培育英才

厂房又多地处偏僻小镇，对初学有成、胸怀壮志者，吸引力自然有所不及。

制衣业求才若渴，却非年轻一辈梦想所依，招揽新一代入行，殊非易事。不少同业，家族后辈众多，然接班重责，愿承担者亦难求。

青黄不继，培育人才

制衣业管理人才断层，年轻一辈入行者稀，优秀人才早已青黄不接。

晶苑力求迈向世界第一，据所订五年及十年计划，集团规模将迅速扩大。现有人才，势难应付未来所需；接班梯队，同现青黄不接，补给不足，势必影响集团扩张计划。

在现有管理层退休后，企业恐难更进一步发展，故须未雨绸缪，培养接班梯队。近年以来，晶苑极其注重培养年轻人才，力求做好接班人工作，并为未来发展储备人才。

内部培训，择贤晋升

晶苑集团规模日大，企业文化别具特色，亦难于外界征才，故思以内部培训，择贤晋升，应较切合需要。究其优点，主要有三：

1. 内部提拔，晋升有途，较受现有职员工欢迎。

2. 如外聘高级管理人员，空降者未必能迅速适应晶苑企业文化及运作模式，与原有团队磨合需要时间，易生管理问题。

3. 在晶苑工作及发展经年者，相信已认同及接受晶苑之企业文化，归属感强。经培训后，他们便可以加入管理团队，较空降者事半功倍，更易发挥作用。

适应文化，具备特质

无论聘用人才的职位高低，我们都注重其能否适应晶苑之企业文化。

在招聘较高职位时，我会向应征人以前的同事或朋友，咨询应征人的行事作风，冀望能聘得适合晶苑文化之人才加入团队，共谋发展。

凡新入职管理人员，我均冀望其能具备以下特质：

1. 目标为本，即能"以终为始"。
2. 能与团队合作，是"合群者"（Team Player）。
3. 具备领导才能，有战略眼光。

新加盟之管理人员，需接受一系列迎新及培训活动，以助其尽快适应企业环境、文化及运作模式，从而尽快投入工作，积极做出贡献。

第四章 团队："以人为本"，注重培育英才

阅读链接 >>>

晶苑未来需要多少人才？
——罗正亮谈晶苑的人才需求

我给现在的管理团队一个非常艰巨的任务，即在大家退休前，一定要在各单位建立接班管理团队。

晶苑现有60多位副总级以上的高级管理人员，但也仅能应付日常运作。当公司规模进一步扩大时，就须增加多一倍的人手，即需要逾100位高级管理人员就位，聘用、培训和内部擢升的工作，需要立即展开。

除须增加管理人才外，管理人员素质也需相应提高。之前香港工业界所聘用的管理人员，教育程度普遍不高，大学生更少；现时教育比过去普及，人才素质也全面提升，应该较易招揽到思想成熟、能力全面的管理人才。

对于管理团队的接班问题，两三年前我已开始和下属讨论。当时，他们未曾感到有燃眉之急，现在则普遍明白我的顾虑，纷纷开始安排接班人选及培训未来人才。

为满足未来管理人才需求，我希望每家分公司都要储备30至40位30多岁、能在10至15年后接班的人选。如果分公司现时手上只有少于10位有潜质的接班人的话，就须加倍努力，马上开展人才培养行动。

领导及管理人员的培养，是企业传承的重要一环。只有投入资源培养人才，我们才有信心，到大家退休时，公司有足够的管理人员，并继续扶植下一届管理团队，继续为晶苑的永续经营做出贡献。

矩阵架构：各人力资源部分工合作

> 各分公司均可自主推出有利于员工之新措施。其他分公司，亦可按实际情况参照推行，间或微调修订，早已习以为常。

总部支持，规划人力

晶苑除总部外，现有五家分公司，每家均设独立的人力资源部门。其主管直属该分公司总裁，处理分公司及属下工厂之人力资源日常事务，包括人员招聘、工资计算、员工关爱及培训、监察法规及客户守则之执行，并协助建立晶苑品牌。

集团人力资源部，则负责未来人力资源规划、发展，以及政策制定，与各分公司之人力资源部门，并非从属关系。若不涉法律范畴，不产生内部矛盾，各分公司均可自主推出有利员工之新措施。其他分公司，亦可按实际情况参照推行，

第四章　团队："以人为本"，注重培育英才

间或微调修订，早已习以为常。

集团人力资源部的功能与集团其他专业部门相似，皆为各分公司提供支持，并制定及完善集团整体人力资源发展战略及规划。其具体要务有三：

1. 审视员工所缺之技能或知识，加以培训。
2. 谋划集团整体的人才需要及发展，尤其要关注管理团队。
3. 负责人力资源管理之交流及集团主导的培训活动。

工资政策：善于设定目标收入

> 如工人某月收入增加，次月却因订单不足收入剧减，只能支取最低工资，则员工情绪会受到影响。若此成常态，势必影响士气，打击员工工作积极性，使其心生离意。

稳定收入，提高士气

制衣同业皆按绩效计算工人收入和奖金。所不同者，晶苑以人为本，明白员工皆望收入稳定，安居乐业。如工人某月收入增加，次月却因订单不足收入剧减，只能支取最低工资，则员工情绪会受到影响。若此成常态，势必影响士气，打击员工工作积极性，使其心生离意。

有见于此，晶苑特以大数据计算每位车工的生产效率，为车工订立目标收入（Target Earning）。对高效率生产者，加发额外奖金,以作鼓励。

以晶苑东莞T恤厂为例,车工目标收入约为市场平均水平之115%。而其实际所得,多能超越目标收入,有努力者收入甚可逾倍于此。

此举并非鼓励不劳而获,实乃因应制衣业季分淡旺之特色,借此让工人收入稳定。

所幸晶苑目前淡旺季业绩虽异,但订单数量却相差不明显,工人每月工作量及收入大致稳定,加上企业文化强调"以人为本",企业力推各项大家庭式软措施,遂能凝聚工人向心力,团队亦趋稳定。

工作表现考核：以目标为本度量绩效

> 部分管理人员不适应采用与利润挂钩的制度，认为能否达标，存在众多外在及内在因素，故不应以利润作为评核标准；亦有人认为量化考核制度非制衣业传统，绩效管理反倒产生压力，因此反对绩效管理。

按绩量酬，客观公平

传统制衣行业，如欲持续发展，必须以结果为先，于利润及满足客户需求上，尤应以目标为本。

罗正亮工商管理专业出身，惯以科学化标准衡量得失，对量度管理人员表现之准则，力求客观，冀望能鼓励同人以目标为本，以终为始，推动晶苑成为绩效表现主导、奖罚分明之现代化管理企业。故晶苑引入通用电气结果为本的客观度量准则，配合奖罚分明的绩效管理体系（Performance Management System，PMS）。

管理人员表现向来难以量化，如求实效，应以目标为本。

每年年底，我均个别会见管理人员，商议来年目标，并根据工作岗位及性质，制定关键绩效指标（Key Performance Indicators，KPI）。运营半年，作中期检查；至年终再考核，检视其能否达致既定目标。

有效执行，上司有责

关键绩效指标乃绩效管理体系中量化管理人员表现之重要工具。关键绩效指标和绩效管理体系均非晶苑独创，不少跨国企业及大型机构均有采用，具体到执行细节，各施其法，成效参差不齐。

依我经验所得，执行关键绩效指标时如遇问题，常存于沟通之中，即上司有无定期约见下属，检视达标进度，究其得失，共探原因，提出建议，并对如何改善予以记录。

如上司未尽其职，未定期与下属沟通跟进，员工即无从得知其表现如何，是否达标，所获考核是否公平，更遑论如何改善，只恐后果堪虞。

试点推行，优点渐显

绩效管理体系推行之初，阻力难免，部分管理人员不适

应采用与利润挂钩的制度,认为能否达标,存在众多外在及内在因素,故不应以利润作为评核标准;亦有人认为量化考核制度非制衣业传统,绩效管理反倒产生压力,因此反对绩效管理。

有见及此,我反复思量,如坚持一夜变天,易招怨声载道,遂决定先以毛衫分公司为试点,并根据执行中所遇问题作出调整。毛衫分公司初具成效后,方于其他分公司推行。

绩效管理体系实施经年,团队渐明白利润表现与增长,对企业生存及发展非常重要,亦能接受目标为本及奖罚分明之制度。由于绩效管理体系透明度高、公平公正,能正面激励管理人员力争上游,现已深获员工支持,执行上也日渐顺畅。

第四章 团队:"以人为本",注重培育英才

四、广纳及培养人才

聘储备生:培养未来接班人

> 储备生一直留驻业务部或生产部工作,在完成培训计划后,将分担管理职责,故主管须悉心栽培,为部门培养优秀的未来管理人才。

校园招纳,储备才俊

年轻一辈入行者稀,故晶苑欲使管理团队年轻化,就要主动出击,直接到大学举办校园招聘会,冀望能吸引具备潜质之应届毕业生,应征业务储备生(Business Associate,BA)或生产储备生(Production Associate,PA)。业务储备生和生产储备生需接受为期二至三年的在职培训,以构建晶苑未来接班人梯队。

业务储备生和生产储备生计划于2012年推出,该计划

并非由集团总部或个别分公司管理高层负责，而交由分公司业务销售及生产部门主管负责。由他们亲自挑选应征者，并负责培养。

挑选准则首重语言表达能力、人际沟通能力、临场反应能力、应变解难能力、领导能力等软实力，并考虑其对制衣行业之热诚。除内地与香港，我们更远赴马来西亚招聘，选取熟悉中文和英文，甚至是粤语的大学生，加入储备生计划。

每位储备生均配备一位经理担任导师兼教练。他们彼此常有互动，冀望在导师的悉心指导下，储备生能不断进步，茁壮成才。

储备生经入职培训，对制衣业及晶苑工作流程有了基本认识后，再被安排加入业务销售或生产队伍，开始在职培训，具体执行工作。

不少大型企业都有类似计划，一般称为见习行政人员（Management Trainee），见习期内将其分派至不同部门巡回实习。因为部门主管无从得知实习期后受训学员能否派回该部门工作，故通常只教授其基本知识，学员则走马看花，往往亦难学到精髓。

晶苑则不同，储备生一直留驻业务部或生产部工作，在完成培训计划后，将分担管理职责，故主管须悉心栽培，为部门培育优秀的未来管理人才。

第四章　团队："以人为本"，注重培育英才

计划得当，迅速晋升

设计储备生计划之初，我已考虑到人事变动难免。因为年轻人往往想多见世面，或梦想早日事业有成，故除薪金极具吸引力外，亦须借企业文化熏陶，配合明确的晋升途径，冀望能留住人才。参照一般企业经验，大学毕业之见习行政人员，完成培训计划后，能于公司留任五至十年者，通常仅两成左右。

一般新入职之毕业生，需历时五至八年，方有机会晋升至中层管理职位。而晶苑储备生经二至三年的在职培训后，合格者即可直接晋升为助理经理，日后再视其表现，逐渐提拔至高层管理岗位，故内部形容这项计划为"高速公路"计划。

然而，未必所有的业务储备生和生产储备生均能顺利直达终点，我们亦会事前向彼等明言，完成培训后，还须接受严格考核，合格者方获晋升，表现未达预期者将不获续聘。

储备生计划，旨在培养未来管理接班梯队，冀望能育成良将，日后担任副总以上职位。成功晋升为助理经理者，仅为事业之起步，仍需终身学习，力争上游。为此，公司更设追踪培养计划，冀望能进一步委以重任。如越南工厂亦有类似储备生计划，已有学员晋升为副总经理，前途不可限量。

储备生计划由 2015 年起扩展至技术（Technical Associate）及财务（Finance Associate）领域，以便为晶苑未来储备更多不同领域的管理人才。

领导人发展培训：栽培中高层接班人

> 近年以来，企业以系统化方式，在晶苑现有中层管理团队中搜征年轻才俊，不分国籍及工作岗位，挑选工作出色兼具领导潜质者，参与"下一代领导"计划。

内部擢升，接棒领军

根据晶苑发展蓝图，罗正亮预计未来10至15年，需进一步培养逾100位中高层管理人员。这批次人员，在罗正亮这一代管理人陆续退休后，将接任分公司总裁以至总经理等要职，继续领导企业前行。

晶苑如欲永续经营，须妥善传承发展。下一代接棒者，则倾向内部擢升，由兼具领导才能及身怀晶苑文化基因者接任高层要职。

第四章　团队:"以人为本",注重培育英才

我们将退休年龄定为 65 岁,预期接任高层管理者皆能掌政 15 年以上,故近年以来,企业以系统化方式,在晶苑现有中层管理团队中搜征年轻才俊,不分国籍及工作岗位,挑选工作出色兼具领导潜质者,参与"下一代领导人计划"(Next Generation Leader,NGL)。冀望他们能在企业悉心栽培后,于未来 5 至 10 年间,接任助理总经理或以上级别职务。

参与"下一代领导计划"者,经初步测试后,将接受领导人发展培训,为期 3 至 5 年。该项培养计划,由外聘之专业顾问协助晶苑量身定制,以配合企业文化与未来业务所需。

悉心栽培,增强实力

除"下一代领导计划"以外,对现职中高层管理人员,晶苑亦正加强培养其专业领导力,使其能掌握现代领导技巧,适应集团未来发展需要。

2012 年左右,负责 T 恤业务的晶苑集团执行董事黄星华有感未来数载晶苑将急速发展,预计 T 恤业务同步起飞,现有管理团队须整装配合,全面提升领导才能,如此方能适应所需,遂联合集团人力资源部与外聘人才发展顾问,共同设计"领导力发展计划"(Leadership Development Program,LDP),选派骨干管理人员参加培训。

各参与者,均需接受个性测试(Personality Test),了解自我性格,并进行"领导力效能分析"(Leadership

Effectiveness Analysis，LEA），了解各自之领导特质。

"领导力效能分析"，主要测试下述六大部分，包括：

1. 创造视野（Vision Creation）。
2. 发展下属（Followers Development）。
3. 实践视野（Vision Implementation）。
4. 全程跟进（Overall Process Followup）。
5. 达致成果（Results Achievement）。
6. 团队合作（Team Playing）。

经测试后，企业即能了解各参与者之领导特质，对有待改善之处对症下药，借"领导才能工作坊"（Strategic Leadership Development Workshop）个别重点培训。

工作坊共分三阶段。学员被分成不同学习小组（Learning Group），每个小组研究不同的领导项目，定期制作简报，彼此借互动交流学习，以提升领导能力。

持续改善，发展才能

各参与者完成培训后，均须向黄星华提交个人才能发展计划书（Individual Development Plan），对自己需改善之处作提升之规划。黄星华兼任导师，就各人计划提出意见，并安排合适项目助其提升。12个月后，参与者再作汇报，检讨进度。

第四章　团队："以人为本"，注重培育英才

T恤分公司管理团队，经过两年的"领导力发展计划"培训，成效显著，在管理及领导方面，建立了一套共通语言及知识（Common Knowledge），领导力更趋全面。

2014年，晶苑凭"领导力发展计划"，荣获香港管理专业协会颁发的"培训及发展计划奖"（Excellence for Training and Development Award）——"人才发展"项目金奖。首次参赛即夺冠军，打破了该奖项纪录。

T恤分公司推行"领导力发展计划"成绩斐然，对提升业绩及利润大有助益。有见于此，罗正亮决定推而广之，亦于其他分公司推行。至今，集团已有近100位管理人员参与该项计划，对提升管理层领导力，适应企业未来发展所需，裨益不浅。

三项齐进，人才不断

如上所述，"领导力发展计划"用于培训现有中高层，加强他们的领导力；"下一代领导人计划"用于培养有能力晋升中高层的同事；"储备生计划"则向外招聘有潜质的大学生加入。以上三项齐进，可确保晶苑人才不断。

"个人提升与职业发展计划":
让基层女工能力增值

> 课程导师,皆晶苑中山厂员工,以人力资源部人员为主,公务之余暇投入大量时间。除授课外,导师还跟进学员生活。

开设课程,女工受惠

不少企业均备软技巧培训课程,如个人发展、人际沟通等,但对象常限于管理人员。前线员工,通常只提供在职培训,使之掌握生产技术。

制衣业前线车间,以聘用女性为主,所聘员工教育程度普遍较低,不少人远涉异乡工作,求以灵巧手艺赚取较高工钱,对个人能力增值与否,非首要考虑。

晶苑美国客户盖璞,于2007年起,特为基层女工推出"个

第四章　团队："以人为本"，注重培育英才

人提升与职业发展计划"（Gap Inc's Personal Advancement & Career Enhancement，P.A.C.E. Program），旨在提升女工个人素质，培养职业发展能力，助其生活得更具尊严。

晶苑集团执行董事王志辉认为该计划别具意义，遂接受盖璞邀请，于2012年起于中山工厂试推行。

该计划为期10个月，共80小时课程，分七大模块，各具实用内容，包括沟通、解决问题及决策、法律、女性健康等。由于内容非常丰富，女工反映亦极为理想。

王志辉联同中山工厂人力资源部主管，在原有美式课程基础上添加本地元素，效果斐然，先后两届，已有近500位女工结业。盖璞总部负责人亦亲访中山，参加结业仪式，了解中山工厂成功推行之道。

见贤思齐，"个人提升与职业发展计划"亦将于其他分公司陆续推出，受惠者势必更众。

素质提升，力争上游

"个人提升与职业发展计划"虽由盖璞发起，但其内容却充分反映了"以人为本"之精神。课程导师，皆晶苑中山厂员工，以人力资源部人员为主，公务之余暇投入大量时间。除授课外，导师还跟进学员生活。有时深夜时分学员来电，导师亦能欣然倾听学员心声，并予适当辅导，彼此亲如家人，晶苑和谐大家庭氛围更浓。

大我为先

  参与"个人提升与职业发展计划"者,不仅能增长知识,于家庭生活、人际交往及信心重塑等方面亦有进步,故该计划能迅速建立口碑,员工踊跃报名,参与人数逐届提升。

  该计划在提升女工素质之余,更有助于储备基层管理人才。两届共30多位女工,在受训后信心提升,决意力争上游,报名参加了班组长升级培训,完成课程且成绩优异者,皆能晋升为班组长。

第四章　团队："以人为本"，注重培育英才

阅读链接 >>>

"个人提升与职业发展计划"学员的心声

◆ 我觉得这个计划的好处，首先是提升我们的个人能力，增强我们的沟通技巧，从而增加职业发展机会；然后是教会我们怎样解决问题、管理时间和面对压力；最后是让我们学到了许多女性健康、法律、执行力等方面的知识。对我最有用的，是关于家庭方面的知识。夫妻、婆媳、孩子之间，因为缺乏沟通技巧，从前有很多问题不懂解决，上课后就明白很多。

◆ 对我来说，最大的改变是教育孩子方面。以前我的孩子简直没法管教。因为从小没跟他住在一起，他从老家来我身边时，已经12岁了，所以很叛逆、不听话，我除了责打之外，就没有其他方法管教。参加"个人提升与职业发展计划"后，我回家后跟他分享，给他讲道理，给他一些鼓励。慢慢地，他好像改变了。我觉得这套方法，在家庭上挺有用的。这个计划让我和孩子的关系改变了，因此我也可以安心地工作了。

◆ 我们中国人就是有一点儿含蓄。以前我对家人的爱，都不敢说出来。培训老师教导我们，爱就要大胆地说出来。我对老公从来都没有说过"我爱你"，后来有一次我竟然说了！说了以后，大家感情变得更加好，他对我体贴多了，现在会煮夜宵，还烧好热

水让我下班后用来洗澡。
- ◆这个计划对我们的工作和生活都有帮助。工作方面，以前老大要我们做什么，我们常常反驳，现在我们学会了彼此沟通和换位思考。
- ◆我的改变也在家庭上。现在每天打电话，我都会跟老公和婆婆多说一些话。我老公过来探望我时，从前见面大家就吵，每次大闹后我就躲起来哭。现在我会主动沟通，不会与他事事计较，他对我的关心也更多了。

第四章 团队:"以人为本",注重培育英才

阅读链接 >>>

办公环境亦可为荣

——罗正豪(Howard Lo, T恤及毛衫部高级副总裁)
谈统筹大楼规划之理念

位于广东东莞常平的晶苑厂房,为T恤及毛衫分公司的生产基地,其行政大楼于2012年重建。新建筑物洋溢现代气息,内含多种环保设计,宽敞舒适,设备先进。厂房如此时尚,在华南罕见。

在设计这座综合性建筑物时,我们希望引入现代化概念,一方面希望提升企业自身形象,另一方面亦希望能为同事提供一个更舒适的工作环境,以保持大家的向心力和团队精神。

我在国外读书和长大,又在外资银行工作过好几年。设计此大楼时,我阅读了不少室内设计方面的书籍,在引进西方的办公室设计概念时,就发觉当中也有不少"以人为本"的理念。

我们的办公室采用开放式设计,尽量减少房间数目,令中层管理人员与前线同事能够毗邻而坐;房间以落地玻璃间隔,制造高透明度感觉,用意为加强上司和下属间的彼此沟通;同事的座位设置、间格高度,也以视线可望见对方为原则,方便彼此互动及沟通。

由于同事每日都须在此长时间工作,我希望景观开阔,

有更多同事能享受到温暖阳光的照射,所以靠窗位置尽量不全被房间阻挡,中庭则是开放式设计,大家都可望见窗户。

中央部分以楼梯接通上下,墙壁种满绿色植物,配合天然采光;玻璃大中庭抬头能见天日,从而营造出一个心旷神怡的工作环境。虽然中央楼梯耗用不少空间,但却拉近了不同楼层同事间的距离。大家在格调时尚的工作环境中感觉十分舒适,自然有助于提升生产力。

因为办公室洋溢现代化气息,同事都不自觉地注意起衣着品味来,连带着提升了自我形象。更有不少同事在办公室内自拍留影,可见他们喜爱此新设计,归属感和向心力也因此提升。

第五章

运营：

"以终为始"，成就现代化管理

一、总部放权，鼓励自主
二、科技增值，势之所驱
三、产销理念，精益求精
四、稳健理财，避免危机
五、品质文化，运营之本

大我为先

一、总部放权,鼓励自主

小总部,大放权

> "小总部,大放权",指集团总部不会对各分公司事事监管,而是只定所期目标,任其自主发挥。集团总部架构精简,仅作最高领导,专注宏观事务,制定大的发展方向,经各方认同后,授权分公司及其下属部门执行。

初试放权,差强人意

晶苑成立之初,奉行"中央集权",行政、人事及财务,均由总部掌控。结果效果不彰,反而影响各分公司运营效率。

从上个世纪90年代起,集团改变策略,放弃微观管理(Micro-Management),改以"小总部,大放权"的方式管理。

"小总部,大放权",指集团总部不会对各分公司事事

监管,而是只定所期目标,任其自主发挥。集团总部架构精简,仅作最高领导,专注宏观事务,制定大的发展方向,经各方认同后,授权分公司及其下属部门执行。

起初高层管理者,均未习惯于放权,更怕局面失控,加上面子攸关,往往阳奉阴违。各分公司则未养成自觉习惯,承担意识暂欠,心理素质、执行能力俱差强人意,历时十多载,运作才渐见顺畅。

深有体会,鼓励放权

在担任集团行政总裁前,罗正亮曾任分公司总裁,故明"将在外"之难,曾身受"高高在上之官僚总部"之苦。事非经过,不知其难。老板及总部同事隔岸观火,指点批评,轻而易举,却因未知真相,易致无的放矢,鲜有建设性意见,徒令前线添烦增压。

己所不欲,勿施于人。罗正亮明其状况,不忍各分公司平添压力,亦不欲下属事事请裁,使之涉足分公司日常运营细节,故接任集团行政总裁后,集团续以"小总部"角色运作,放权各分公司自主运作,仅专注宏观问题,如每年绩效表现、大环境变化、未来发展战略、精益求精及可持续发展之道等。

总部除处理宏观问题,尚须向各分公司提供市场信息、制定发展方向、推动最佳典范、筹划风险管理、规划人力资源、促进部门沟通、安排适当培训等,对分公司之运营管理,

第五章　运营:"以终为始",成就现代化管理

多作协助,而非随意指挥。

香港集团总部规模精简,所聘员工为数不多,以专业部门为主,却能联系全球,包括各分公司及20多家全球厂房,彼此通力合作,运作畅顺,大部分生产基地效能均逐年上升,可见"小总部,大放权"行之有效。

数据化管理,透明指数高

> 内联网上,财务及生产资料一目了然,中高层管理人员赏罚分明,获授权者皆可浏览,大如公司财务状况,小至个别订单之盈亏,均能得知;盈利多少、何处赚来、如何赚取等,均备实时之明细。

数据透明,好处多多

小本经营的公司,盈余亏损尚可心中有数;企业规模渐长,业务繁多,如果数据不全,绩效难量,决策无依,业务管理顿成盲人摸象,难获成效。

中资企业多采用家族式经营,现代管理元素间或掺入,但始终老板为上,唯其马首是瞻,委予家属亲信重任,财务管理绝不信赖外人。除上市公司外,一般企业之经营数据,

第五章　运营："以终为始"，成就现代化管理

如销售盈亏、边际利润、采购成本等，均被视为高度机密，知晓者仅少数高层，致使企业发展受限、难以扩张。

晶苑明其弊端，早就效法现代企业，日常运作已全部采用数据化管理。内联网上，财务及生产资料一目了然，中高层管理人员，获授权者皆可浏览，大如公司财务状况，小至个别订单之盈亏，均能得知；盈利多少，何处赚来，如何赚取等，均备实时之明细。

数据化管理下，公司透明度高，团队可享三大好处：

1. 明白公司真正对己信任，充分授权。
2. 拥有足够数据，用以分析市场，从而精确制定预算，有助于订出务实目标。
3. 能清楚自己表现是否达标，及进度如何。

善用电脑系统建立数据化管理，监控进度更客观；科学化管理运营，系统完备，有助于掌控全局；如遇市况骤变，亦易于运筹帷幄，修正策略，调整执行。

赏罚臧否，公道为先

晶苑文化，目标为本，重视成果，故无论赏罚升迁，均有所据，公平公正。其所依靠者，实为高度透明之数据化管理。

生产细节、工作绩效，均已数据量化，管理团队均能随

大我为先

时浏览。彼此绩效，一经比较，优劣立辨；信赏必罚，公平与否，心中有数。故怨怼不生，同事间自能减少猜忌；各自力争上游，良性竞争下，公司自能获益。

时有旁人询问："数据如此开放，如何防范竞争对手有意套取？"

我常回应："晶苑团队向心力强，注重诚信，偷窃机密，自信同事不为。即使竞争对手得悉部分数据，若其企业缺乏相应文化，数据欠透明，管理不科学，未能"大我为先""以人为本"，难享可持续发展优势，最终恐亦得之无用。"

第五章 运营："以终为始"，成就现代化管理

二、科技增值，势之所驱

运用科技：三大核心价值观

> 集团总部信息服务部架构简单，虽仅30余人，但却效率惊人，能服务集团愈6万员工。究其原因，除团队勤奋外，亦归功于该部门三大核心价值观：挑战现状、伙伴助力和要求至简。

挑战现状，不断进步

数据化管理，必须依靠高效的信息科技系统的支持。晶苑集团信息服务部主管丁自良领军多年，屡创新猷，为晶苑赢取不少奖项。

我们务求信息科技为企业所用，而非企业受役于电子系统。应用电子系统，首要助企业提升效率，获知更多数据，冀望能领先竞争对手，最终成为行业领导者。

在信息科技应用上，务须与时俱进，不能安于现状。故

此晶苑持续引进最新版软件,力求精益求精,改善现有运营状况,时刻保持增值,维持生产力及效率之行业领先地位。

伙伴助力,取得先机

科技一日千里,为求时刻进步,晶苑长期与SAP及微软等信息科技战略伙伴保持优良合作关系。因此,晶苑常能于新软件发布前获优先使用权。

对供应商而言,晶苑购买软件不仅有助提升其营业额,亦因晶苑讲诚信、重商誉、具规模,我们采纳之软件,可信度将大幅提升。

对晶苑而言,购置软件成本得以降低,优质软件亦有助于企业进一步提升工作效率,并能早于其他同业体验新科技之益处,竞争优势会更加巩固。

要求至简,追求卓越

晶苑之企业文化追求简洁,务求以最简化程序完成工作,因此我经常反思,有何新方法或工作模式有助改善效率,拓宽思维,彰显晶苑"以简制繁"之经营理念。其要点有三:

1. 能否不依从现有规则达到同样目的?
2. 实战工作所使用时间及成本是否合理?
3. 工作流程能否进一步简化?

第五章 运营:"以终为始",成就现代化管理

只要能将工作流程简化,即可缩减时间成本,亦能减轻团队不必要之工作压力,提升效率及透明度,因此"以简制繁"理念,获公司上下支持,亦为晶苑赖以成功的企业现代化管理基础。

以上三个核心理念,加上执行时的"四大心法"——黄金守则、以简制繁、以快取胜、共享双赢,遂成信息服务部的成功之道。

信息科技,系统先行

如图 5-1 所示,晶苑整套信息科技系统与生产系统全面结合,适合集团内各分公司应用。考其优点,能实时显示数据,运作全盘透明,管理层、获授权者,皆可随时浏览所需信息,使得工作得心应手。

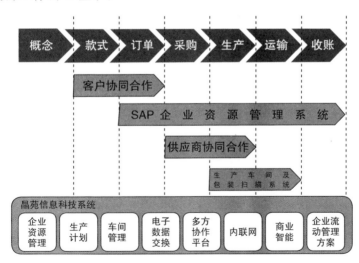

图 5-1 信息科技系统与生产系统全面结合

科技无处不在

> 由射频识别技术所得数据,从每位车工至各生产线,产能效率一目了然。实时大数据,如整套生产系统运作是否正常、车工表现是否优秀、订单完成进度是否理想等,管理层均能掌握。

信息科技,无处不在

考察晶苑之生产与运作,信息科技,无处不在。

以工厂为例,每一车间、每位车工,均配备射频识别技术(Radio-frequency Identification,RFID)标签(RFID Tag),将其所完成工作数量、所需时间,实时记录。

由射频识别技术所得数据,从每位车工至各生产线,产能效率一目了然。实时大数据,如整套生产系统运作是否正常、

第五章　运营："以终为始"，成就现代化管理

车工表现是否优秀、订单完成进度是否理想等，管理层均能尽握。

如某一环节出现问题，数据可即时反映，管理人员便能及时采取行动作补救。各生产线前均设有屏幕，产能数据实时公布，不断更新，厂内车工即能彼此较量，良性竞争。

电子处理，无纸运作

晶苑整体运作，由 SAP 数据化管理系统支持，故能处理年逾百亿港元之生产订单。

电子化下，不少工作环节，皆能无纸运作，由报价、接单、预订原料、厂房生产、处理进出口船务文件、仓储、处理银行往来文件、出单、送货等，均能经电脑系统一力完成。

集团引进 SAP 电子收货对账系统（Evaluated Receipt Settlement, ERS）后，凡货物账单，概由电脑与供应商自动核对，充分体现善用科技之优势，既省时省事，亦更为准确。

电子收货对账系统，既行之有效，遂又引进电子银行系统。现时收付款项程序无须人工处理，将原本工作流程由需时逾十天，缩短至一天内完成，人力及时间成本均大幅降低，并能迎合无纸化运作之大趋势。

197

阅读链接 >>>

借科技走向未来

——丁自良谈晶苑之科技应用

秉承挑战现状精神，晶苑紧贴科技潮流及趋势，引入世界顶级科技，以维持在行业中的竞争优势。我们同时着眼长远，为将来做好准备。

集团信息服务部现正进行数个概念性计划，包括："晶移通"方案，系统应用流动化，物联网与云服务。

● **世界各地，无限沟通**

无论是对外还是对内，晶苑集团都非常重视沟通，尤其是我们的工厂多建于发展中国家，来往耗时及花费较多。以往管理层一年只会到访外地工厂数次，就算有传真和长途电话，也只能多谈多说，而非数据在手，所以管理相对困难。

利用崭新的信息和通信技术（Information Communications Technology, ICT），即可达至低成本快速联系。现在只要接上内联网，加上电子邮件、视频会议和即时通讯等工具，管理层就能一面浏览实时数据，一面与全球各厂房商讨实务，有效提升了管理能力。

目前晶苑使用的通信网络系统，与公司的电话系统连接，同事们身处世界任何角落，通过电脑、电话、平板电脑、手机接驳互联网，或3G、4G网络，都可即时通讯或召开

第五章 运营:"以终为始",成就现代化管理

视频会议,并于稳定安全的环境下传输数据,维持办公效率,达到"三无限沟通",即无疆界、无地域和无时限沟通。

身为业内使用信息科技的领导者,我们期待不久的将来升级应用最新的微软 Skype 商务版本及个人用户版本,并将二者融合,为"三无限通讯"提供最贴心、最快捷和最极致的服务。

● **手机软件,善用云端**

晶苑自行研发的"晶移通"APP(手机软件),让晶苑各同事不再受作业平台所限,无论台式电脑、平板电脑,还是手机,皆能应用"晶移通"。如图 5-2,通过云端,"晶移通"接驳到晶苑的内联网系统,自动与公司数据同步,显示新闻、业务、人力资源及供应链数据,亦可以将这些数据转化为图表、影像、文字等格式,方便用户作日常操作及分析之用,并能交互传递资料,实现"三无限沟通"。

这一软件大幅降低了晶苑同事们的通信成本,同时满足了我们日益增长的信息需求。当然"晶移通"的潜能不止于此,我们继续以"晶移通"作为蓝本,研究更多可行的技术路线,务求为晶苑成员提供更多科技上的便利。

● **开发系统,方便易用**

近年来智能手机大热,手机软件日趋普及,好处是容易使用,一按就可即时取得所需资料,无须登入后再从系统搜寻及选取。之前晶苑与外聘公司合作编写手机应用程序,目前则由公司内部自行开发。

因应不同工种需要,为应用程序制作了个人化的用户

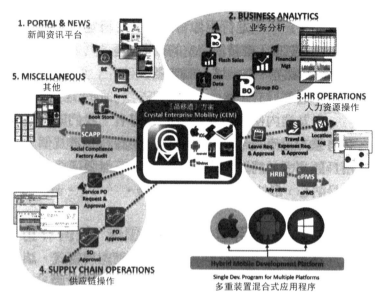

图 5-2 "晶移通"方案图解

界面，方便易用。例如，其中一个手机应用程序，专供销售经理应用，内容包罗工作所需的一切信息，如营业额、物料数据等。此外，亦有能应付日常工作所需，如请假表格、偿付同事垫支费用的应用程序，都能通过手机来操作。

● 科技演变，迎新时代

互联网为工业带来革命性发展，晶苑也在日常运作中引进了不少由网络推动的工具。

对于运营而言，实时掌握准确的数据，并能分析当中趋势，非常重要。近年时兴的大数据，主要是行为分析，可以是消费者，可以是生产线，也可以是每位员工或某位客户；大数据不只谈数量，也谈品质。当足够多的数据集

第五章 运营："以终为始"，成就现代化管理

中到一起时，这些数据的交叉分析，就演化为统计图表，可以推断出不同的趋势，也就是由量变到质变。晶苑实行数据化管理，大数据正陆续用于不同运营环节，用于业务分析及决策之基础。

继大数据、云存储后，"物联网"（Internet of Things, IoT）是下一阶段的发展方向。物联网指人类通过流动数据及互联网，接驳到云平台，从而控制现实生活中的电子产品。

就工业而言，物联网可即时同步多项数据，大大增加信息透明度。进入"工业4.0"时代，工厂设备会自动将生产资料上传至云端，我们可详细获取产品在不同工厂的生产状况、产品数量、物流运输等情况。查阅数据便捷程度前所未有，管理层及客户均能实时掌握一切生产及物流情况。

物联网世界的理念，是以联系最多的物件，达成最大的协同效应。而根据SAP公司的预测，未来的科技世界，将对工业产生以下影响：

1. 改变商业模式。
2. 由始至终数码化。
3. 厂销整合生产。
4. 实时增值网络。
5. 完善工作环境。

我们正根据上述路线，顺应科技发展，为物联网、大数据应用做好准备，建设"工业4.0"时代的先进厂房，加快迈向"智能工厂"之路。

三、产销理念,精益求精

生产文化:精益生产结合六常法

> 对生产管理而言,晶苑以精益生产为原则;于流程设计上,则通过工业工程与品质管理减少浪费,并善用数据化管理,查找问题环节,及早纠错。

精益生产,优化流程

晶苑之生产管理,以丰田汽车公司的精益生产理念为基础,注重供应链管理,讲究原料与工序的及时紧密衔接,以生产中保持物流及信息流同步为理想,并通过优化生产流程,减少生产过程中的"无益浪费",为生产商、客户和消费者创造经济价值。

然而,因为彼此业务性质不同,晶苑并未完全复制丰田

第五章　运营："以终为始"，成就现代化管理

模式。丰田主营汽车制造，属存货生产（Build to Stock），流程模式为单件流（One Piece Flow）。具体来说，即车厂自行设计汽车规格，同一批订单每辆汽车规格都一样。而制衣流程则大相径庭，属按单生产（Build to Order）。每张订单规格均有不同，数量及款式俱由客户决定，经常改变，生产模式较多元化，而且服装生产时间远比汽车生产时间短，因此对时间的要求更为紧迫。

话虽如此，精益生产这种管理方式，亦令晶苑获益匪浅，例如其中的目视管理。日本人善于利用图像，会在工具箱内绘上工具形状，当发现工具箱内有空位时，就可按图索骥，知道哪种工具未放原位，从而加快工作效率。

无益浪费，设法减免

对生产管理而言，晶苑以精益生产为原则；于流程设计上，则通过工业工程与品质管理减少浪费，并善用数据化管理，查找问题环节，及早纠错。

"无益浪费"指一切无益于生产之工序或动作，均需设法消除或减免，具体包括以下几点：

1. 耗时运输无用原料。
2. 工人在生产过程中做出过多不需要的动作。
3. 等待进行下一项工作的空转时间。

4. 生产过剩。

5. 首次制作出错需要返工（Rework）。

6. 产品存在瑕疵。

7. 检查次数过多。

8. 修复造成浪费。

工厂整洁，降低成本

由于晶苑锐意发展日本市场，冀望能与客户在生产上有共同语言，故除精益生产外，晶苑于2000年特聘日本培训专家,引进日本公司普遍采用的"五常法"，并在此基础上加入"常安全"（Safety）而成为晶苑版"六常法"，并在所有工厂中广泛应用。

推出"六常法"后，效益显而易见，例如工厂较传统者更整洁。工厂整洁，即能节省成本。例如，有一家外包商工厂，因为不注重清洁，每年用于购买为成衣除污的清洁剂，开支已逾数万元。及后该工厂实行"六常法"，注重厂房与工位的清洁，清洁剂成本节省95%。

实行"六常法"后，厂房变得更整洁，有助效率提升，减少浪费及返工,也符合我们"每一项工作均能一次准确做到"的原则，能降低成本开支，提升边际利润。

第五章　运营："以终为始"，成就现代化管理

工业工程：构建产能标准

> 除能设计工序，使其达到最佳效益外，工业工程的另一主要功能，在于为业界制定共通标准，以量度生产力、方便沟通，并为数据化管理提供量化产能基础。

生产管理，升级转型

晶苑于上个世纪 80 年代中期，率先于毛里求斯工厂引进工业工程。其时，欧美同业已广泛应用工业工程。当时的香港理工学院（现时香港理工大学），亦推出相关专业课程。香港业界管理层虽具多年经验，但因未曾涉猎该科，缺乏理论基础，只视之为新兴潮流，在本地并不普及。

晶苑引进工业工程后，制衣工序由原本家庭手工制作转为现代化、科学化及数据化模式生产，对公司升级转型，迈

向现代化管理,功不可没。

规划工序,优化产能

晶苑以制造为业,赢利能力取决于生产力高低。赢利之道,在于以最少资源投入,获取最大产能,并尽量减少错漏,故生产管理,以至运营目标,其重点是提升生产力。

采用工业工程,配以精益生产及六常法,可将生产周期(Production Cycle)有效缩短。现在每年晶苑都会针对节省时间订立目标,冀望能逐年进步,以增产能、省成本。

制定标准,量化产能

除能设计工序,使其达至最佳效益外,工业工程的另一主要功能,在于为业界制定共通标准,以量度生产力、方便沟通,并为数据化管理提供量化产能基础。

工业工程采用标准分钟(Standard Allowed Minute,SAM)或标准小时(Standard Allowed Hour,SAH)量化产能,适用于任何产品。产能由以往件工计算,转以生产所需时间计算。例如,生产一条牛仔裤,平均需时20分钟,另一款式T恤需时10分钟,量度产能以标准分钟或标准小时换算,即可统一标准。

数据规划,设计增值

接单后,工业工程部门专职同事,即思考规划,计算生

第五章 运营:"以终为始",成就现代化管理

产流程所需最低工时。规划生产计划时,除考虑每单特色,更要由全盘生意角度出发考虑。例如,新接一个订单,须生产 500 万件成衣,内含 1000 种不同款式。换言之,每款平均只有 5000 件。此时必先决定于哪一家工厂、哪几条生产线生产,方最具效率。

如工厂欲引进自动化生产,亦可根据标准时间,计算所省产能,比对成本后再作决定。

创新产品设计,则为晶苑另一增值服务。

晶苑专业负责服装生产,服装设计皆由客户提供。在接单时,设计早有定案,本不容置疑,但晶苑仍会尽展襄助者作用,除实践客户构思及概念外,会另借驻厂设计师之市场触角及创意,为客户产品注入灵感,并于工艺上提供支持。

数据分析,易达共识

晶苑不断优化工业工程,在生产管理中顺畅应用。因具科学化数据,故能辅助分析、有助决策、易达共识。

如在 1988 年,考虑以电子工票取代传统写纸形式,但该系统投资庞大,未必物有所值。取舍之间,幸赖工业工程能把产能量化。其时计算如转用电子工票,能节省多少人工登记时间,所得结果为每位工人每日可省 30 分钟。将此 30 分钟换算为机会成本,以全厂工人计算,即可得知每日可增添数千额外工时。所提产能,与投资额对比,投资回报一目

大我为先

了然。分析所得，回本有期，决策遂有根有据，轻而易举。

工业工程用于晶苑，所达成果，包括：

1. 有助减少因主观原因导致的矛盾，团队易达共识，提升决策及执行效率。
2. 生产力可持续提升，品质水平亦能一直维持；所得数据，更可助企业持续提升竞争力。
3. 成本下降，浪费消除。
4. 设备及厂房使用率均可有效提升。
5. 生产速度加快，生产过程灵活、有弹性，同步水平加强，投资成本遂得以降低。
6. 数据完备，方便财务分析，有助制定策略。

第五章 运营:"以终为始",成就现代化管理

优势分工:环球厂房之生产策略

> 晶苑决定集中资源,近年设厂均邻近香港,航程范围在五六个小时内,成本较低地区,无论运营管理、补给运输,还是文化和社会状况,均较易掌握。

时移势易,成本挂帅

制衣业一向如同游牧民族,逐配额而设厂,并考虑成本及劳动力供应。晶苑设厂足迹曾遍及世界,除中国内地及澳门地区,还有马来西亚、斯里兰卡、牙买加、迪拜、蒙古、摩洛哥、越南、孟加拉、柬埔寨等国,甚至一度远赴非洲,于毛里求斯、马达加斯加投资,最高纪录为同一期间在11个国家设厂。

及后配额制度取消,时移势易,无忧配额,却须面对全

球性竞争。马达加斯加一役损失惨重,虽说败于忽视政治风险,但我明白,投资战线过长、补给受限,则成本必高,加上文化和社会状况迥异,难于管理,运营事倍功半,削弱了竞争优势。

总结经验,晶苑决定集中资源,近年设厂均邻近香港,航程范围在五六个小时内,成本较低地区,无论运营管理、补给运输,还是文化和社会状况,均较易掌握。

据"国际产品生命周期"(International Product Life Cycle)理论分析,生产往成本更低地区转移,设厂选址亦由以配额为重,转为成本挂帅。

我国内地改革开放,出口优惠、成本低廉,优势所在,曾吸引不少港商投资,晶苑亦于内地设厂。近年内地生产成本大幅提升,广东工人难求,不少港商遂转移部分工序至东南亚地区,以维持竞争力。晶苑亦跟随形势,渐次在越南、孟加拉和柬埔寨等地建立生产基地。

判断优势,分工合作

中国内地仍享有独特优势,如供应链及配套设备均具世界水平,工人技术水平成熟,生产效率亦属世界顶级,同时文化背景相近,沟通方便。故虽成本日高,晶苑仍保留内地工厂,用于生产高附加值、需快速回应市场、要求精巧而产量略低之产品。

第五章 运营:"以终为始",成就现代化管理

现在,客户订单类别主要有二:如属生产工序简单、数量庞大者,将交由东南亚工厂生产,以享较低成本优势;如属须迅速回应市场、技术要求较繁复者,则由中国内地厂房制造。如此因地制宜,分工合作,提高了市场竞争力。

除成本外,客户全球策略、进出口关税、产能空置率、生产成本,以及政府优惠政策等,亦须考虑。

通过工业工程策划,可优化流程工序。每张订单,先分析难度所在,再设计最佳生产流程,细分步骤,配合成熟分工,故均能流畅处理,并能迅速回应市场需要。

晶苑得工业工程辅助,可谓如虎添翼,更显竞争优势。

超级工厂：未来发展之所在

> 品牌全球化成为趋势，近年来流行便服，单一订单价值及数量俱可达数十倍甚至百倍于从前，故生产商亦须升级转型，迈向大规模生产，力求规模经济效益。

超级工厂，未来所望

世界贸易已变开放，无须再追逐配额，设厂地点首先要考虑生产成本、劳动力状况、税务及设厂优惠、政治稳定性、文化民情等，竞争则较之前激烈。

品牌全球化成为趋势，近年来流行便服，单一订单价值及数量俱可达之前的数十倍甚至百倍，故生产商亦须升级转型，迈向大规模生产，力求规模经济效益（Economy of Scale）。

第五章 运营："以终为始"，成就现代化管理

　　身处其间，市场变化自能察觉，故数年前，晶苑制定长远发展策略时，已计划建立超级工厂。

　　一家工厂聘用一两千工人，以往而言，算初具规模。现时聘用逾万人者日趋普遍，晶苑旗下亦有工厂聘用逾万员工。展望将来之规模，晶苑已计划发展至两三万工人共处一厂，并将致力于开发智能生产。

　　超级工厂聘用数万工人，要建齐心团队，共提产能，殊非易事，故管理模式已不宜萧规曹随，务须与时俱进。

产销合一：视公司生意为己业

> 业务人员能享充分自主，但个人须负盈亏责任。他们须视公司生意如己业，全力以赴，充分了解客户需求，平衡生产能力，在品质不损、准时交货原则下，订出具有合理利润之报价。

产销合一，唇齿相依

晶苑奉行"产销合一"，乃业务运营特色。

业务人员须承担个人责任，由接单起即与生产部门紧密协作，直至订单完成；送货收款，均须全程跟进。业务与生产既分工合作，又唇齿相依。此举鼓励公司员工视公司业务如一己生意，以企业家精神待客，既令客户满意，亦助公司赚取合理利润。

上个世纪六七十年代，香港制衣厂常由老板四处张罗生

第五章 运营："以终为始"，成就现代化管理

意。接得订单后，老板自行跟进生产，无论计算成本、策划工序、监控品质、付货物流、收取货款等，均亲力亲为，本质上也是"产销合一"。因是自家生意，老板自会全力以赴。

产销分流，矛盾顿生

及后，制衣业蓬勃发展，工厂规模渐大，老板虽仍全盘掌辖，却常另聘专人分担业务工作。取得生意后，订单交生产部门接手，业务人员任务即告完成，无须跟进生产流程。

由于业务部门与生产部门各具职能，互不从属，易成山头主义，矛盾顿生。业务人员只顾接单，不顾工厂产能能否应付，成本及盈亏情况如何。如未能及时完工，或质量出现问题，致亏损连连，业务和生产部门通常只会推诿责任。如此一来，外招客户不满，内致矛盾丛生，公司则成最大输家。

数据支持，彼此融和

晶苑"产销合一"，经构思多年方决定推行。业务人员能享充分自主，但个人须负盈亏责任。他们须视公司生意如己业，全力以赴，充分了解客户需求，平衡生产能力，在品质不损、准时交货原则下，订出具有合理利润之报价。

在数据化管理支持下，所有订单均以电子系统记录处理。业务人员可根据客户类型，在"中央生产计划与控制"（Central Production Planning and Control，CPPC）系统输入资料，电脑即能根据各厂房产能、空置率、生产中产品等资料，

按订单类型、货量多少、客户要求等,规划合适厂房,并模拟生产情况,审视厂方于指定时间内,产能是否可达客户要求,工序安排是否畅顺,并据"作业成本分析"(Activity-based Costing,ABC)系统,分析成本,计算报价。

根据成本会计系统,各部门均须自负盈亏。数据透明化下,成本所需均能全盘掌握。在计算报价时,业务部门有责,确保没有任何部门亏损。如有特别原因须灵活处理,必先向上级请示。

在生产过程中,业务人员无论身处何方,均可通过电脑及网络系统实时掌握订单进度,一旦发现问题,可即时与生产部门沟通协调,从速解决。

业务部门与生产部门,遂能彼此融和,合作无间,秉持"大我为先"思维,摒弃部门疆界,以达客户要求为最优先考虑;以终为始,对生产方式及厂房安排,协商沟通。如遇问题,则两部门合力解决,遂开创客户、公司、业务人员、生产人员各方共赢之局面。

服务内容,多方共赢

"产销合一",能鼓励员工拥有企业家精神,亦能凝聚团队合作、化解矛盾,从而缔造多方共赢,而非各自为政,只谋各自利益。

多方共赢,建立于"双向内部客户关系"概念。

业务部接单后,先交工业工程部作流程规划,再由生产

第五章 运营："以终为始"，成就现代化管理

厂房执行制衣工序，故工业工程及生产厂房，均视业务部门为其内部客户，须尽心尽力服务。同样，业务部门亦须视工业工程及生产厂房为其内部客户，将客户要求向他们阐释清楚。

三部门互不隶属，却又平等互惠，各凭专长互相合作，互视对方为内部客户，团队因此更加团结。

订单有异，迅速应变

业务规划通常提前六个月制订，故每年年中，即需计划明年的生产预算。

合作多年，业务部已掌握各厂产能，在寻找来年订单时，务求满足工厂的需要，避免订单不足。如遇产能空置，则需向其他友好工厂寻求订单外发，幸而此种情况很少在晶苑发生。

生产虽订良好计划，但有时亦会骤然生变。若某客户因销售情况转差而更改订单数量，生产遂生空档，业务部须即速寻找新单以作填补，或将其他客户订单转来处理。急接新单，利润难料，或会导致账面亏损，却可避免工厂停工。全盘考虑下，最终或仍有利可图。此时，只需通过电子系统计算，盈亏一目了然，自可有助决策。

订单变动时有发生，故分公司定期举行战略性调动会议，由总裁亲自主持，属下各单位负责人均须出席。会上检讨订单情况，如遇紧急订单需灵活处理，或作出战略部署，调整生产计划，务求各厂产能均能充分发挥。

四、稳健理财,避免危机

理财哲学:以稳健为原则

> 适度借贷,有助公司稳定财务基础。晶苑向来受银行信赖,所享条件亦相当优惠,然从不愿过多借贷。对于借贷比例,企业更设内部标准。

理财审慎,一脉相承

晶苑的财务管理,最初由罗太太负责,及后由罗正亮接手,现时则由专业首席财务总监负责。

晶苑自创立以来,财务管理哲学均以稳健为原则。

罗正亮之理财原则,一脉相承,稳健为先,不作过度借贷,认为公司之赢利方式,乃收入减去支出,故只要能控制开支,即能增加利润。

公司收入变数繁多,非人力所能掌握,更难完全控制,

第五章　运营："以终为始"，成就现代化管理

而开支则可严格监控,故减除不必要浪费,加上健康的现金流,企业即可达致财务稳健。

每一财政年度,晶苑均会制定开支预算,正常运营费用不难估算。幸近年来每年均有剩余。除严控开支外,晶苑还会定期与同业比较,以得较客观数据,审视财务开支上能否享有竞争优势。

控制开支能力,不同部门各有差异,就算为同一客户服务,亦互有长短,故常作适当调配,务求运营能更具成本效益。

适度借贷，银行信赖

当经济状况理想、借贷利息较低时,易以财生财。银行甚至鼓励借贷,如增大企业透支额度或备用信用额等。不少企业,为了急速扩张,向银行过度借贷。倘若环境逆转,银行收紧信贷,企业须面对还款压力,一旦现金流不足,便会以失败告终。

晶苑的融资策略是要令银行放心。虽然晶苑往来银行为数不多,但均视银行为合作伙伴,凭诚信作风与其建立长远合作关系。

适度借贷有助公司稳定财务基础。晶苑向来受银行信赖,所享条件亦相当优惠,然从不愿过多借贷。对于借贷比例,企业更设内部标准。

虽说市况骤变,非人力能控,转盈为亏亦有可能,但与银行多年往来互信早立,银行明白晶苑向来重诚信,理财稳健,信贷比例健康,倘逢逆市,出事风险较低,故反而更加支持。

危机意识：居安思危，防患于未然

> 预防胜于治疗，居安必应思危。

留意报道，居安思危

任何企业，均有可能面对危机。树大招风，企业规模愈大，压力愈甚。

预防胜于治疗，居安必应思危。因此，我常留意各地新闻报道，如见事故发生，往往深思考虑，如果觉得晶苑或会面对相似危机，即提醒同事加倍留神。

例如，某国制衣厂发生火灾，工人因逃生出口不足导致伤亡众多，我即提醒管理人员全面检查各厂消防设备是否足够、防火通道是否通畅。又如有其他公司厂房结构遭改动，违建物倒塌压死工人，我遂聘请结构工程师赴各地分公司，全面审视属下所有厂房物业，确保结构安全，防患于未然。

第五章 运营："以终为始"，成就现代化管理

晶苑正计划兴建超级工厂，届时将有数万工人作息工作，均处同一屋檐，危险程度犹如定时炸弹，故对员工日常工作及生活安全，更须审慎规划、认真处理。

共谋对策，化解危机

晶苑每年均举行年度战略会议，会上讨论行业、经商环境，以至公司之潜在危机及风险，并集思广益，共谋对策。

目前，晶苑所应对危机，主要分七类：

1. 当前全球形势及环境风险。
2. 日常运营风险。
3. 突发性风险。
4. 经营风险。
5. 劳资关系风险。
6. 政治风险。
7. 贸易壁垒风险。

为防危机发生，晶苑每张订单均会预留部分收入拨作备用基金，如购买保险等。万一有客户因各种原因不能偿清货款，即可取用以弥补损失。此基金公司不能轻用，更不愿动用。

风险利润,设法平衡

风险必定存在,但绝不能因噎废食、矫枉过正。比如有航空公司连生意外,难道我们要全面避航?

罗正亮认为,晶苑之最大危机乃失去赢利能力。若能全避风险,却利润全无,甚或亏损,只会陷公司于更大危机,故风险与利润间,务必设法平衡。晶苑只需在某种程度上控制风险,织成保护网,防范危机产生,已然足够。

五、品质文化，运营之本

品质为本：一次准确做到

> 在推行品质管理的过程中，晶苑确立了品质标准——"每一项工作均能一次准确做到"，于香港制衣界而言，可算"品质革命"之先驱。

品质保证，一次做对

之前，制衣业向来无品质管理（Quality Management，QM）或品质保证（Quality Assurance，QA）概念，所具者仅品质检查（Quality Checking，QC）。

创业初期，晶苑曾一度受品质问题困扰，客户不满，利润遭侵蚀，影响商誉，所幸最终激发图强之心，设法提升品质。

上个世纪90年代初，源于西方之"全面品质管理"（Total Quality Management，TQM）概念，开始于制造业流行。晶苑

亦于 1992 年左右，成立集团品质保证部，聘请英国专家威廉·普林（William Preen）帮助晶苑引进全面品质管理概念，建立品质管理系统，果然于三四年间，大幅提升了企业品质水平。

在推行品质管理的过程中，晶苑确立了品质标准——"每一项工作均能一次准确做到"，于香港制衣界而言，可算"品质革命"之先驱。

品管系统，成功基石

品质保证工作，主要分产品及系统两大部分。

初推产品品质保证时，生产部门不明品质保证规范，对事前准备缺乏了解，认为必定加重其工作负担，故抗拒转变，给推广工作产生阻力。对品管程度，也有不同标准，生产部门认定已足，品质部门却视为未达，由此矛盾丛生。

后来从"品质成本"（quality cost）入手，从财务表现反映品质对制造成本的影响，终令生产部门了解，品质与成本相互挂钩；明白从生产源头做好，能减少查验人手，提高员工品质意识，增加生产效率，更能节省成本。于是，整套观念从根本上改变过来。

系统方面，晶苑于 1997 年在毛里求斯梭织厂引进 ISO 9001 品质系统，乃当地首家。该厂更获得波多里奇国家质量奖（Malcolm Baldrige National Quality Award），品质管理成果

第五章　运营："以终为始"，成就现代化管理

得到世界肯定。

通过品质管理系统，工厂全体人员以提升品质为目标，不仅提升过程能力（Process Capability），更能提升士气及改变过往观念，终令产品质量提高，人员品质意识提升。

循成功例子，晶苑旗下工厂陆续推行品质管理系统，由管理层承诺开始，以身作则；规范及优化流程，改善生产模式；全员参与，形成品质文化。

品质遂成为晶苑成功之基石和运营之根本。

以终为始，指标为本

品质要达一定水准，必须订出指标，以终为始，筹划执行，量化成果，检视成败，方能不断进步。

生产过程中与品质相关的量化标准，主要包括"客户首次检验合格率"（Customer First Inspection Pass Rate，CFIR）、"瑕疵率"、"客户反馈"、"品质索赔"等。

整体来看，经多年努力，晶苑客户首次检验合格率已达99.3%，这反映员工对品质要求已非常严格，团队亦早建立重视品质之企业文化，由此成为企业一大竞争优势。

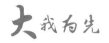

品质制胜：达致零瑕疵

> 品质优良，客户满意，亦需股东有合理回报，员工有合理待遇，企业方能持续经营。因此，虽然品质永远有改善空间，亦须在成本与效益间取得平衡。

品质为上，尚需努力

虽然晶苑产品"客户首次检验合格率"99.3%达标，但仍然有不小进步空间。

长远而言，冀望晶苑产品能完全无须品质检测，达致零瑕疵（Zero Defect）境界，客户首次检验合格率为100%。

健全品质管理架构，仍赖人为执行，故建立团队品质文化，品质成本概念实属重中之重。欲成功推行品质文化，关键在于"高层承诺，全员参与"。品质文化，为外界对晶苑

第五章 运营:"以终为始",成就现代化管理

集团之整体感觉,而此整体感觉则来自员工对品质之信念。

时至今天,品质已不单指对产品本身的要求,更引申为客户对供应商和工厂之基本要求。

此基本要求之范畴渐广,及至企业管理架构、产品安全管理系统、合法合规要求、雇佣管理,乃至环保及企业运营的可持续性等。凡此种种,鞭策企业不能故步自封,要谋取不断进步,才能成为客户之优秀供应商。

若要成为世界第一之制衣企业,品质文化、品质团队、品质管理和优质产品,缺一不可。

第六章 永续：

"以客为尊"，秉承可持续发展理念

一、永续理念
二、永续策略
三、永续文化
四、永续协作
五、展望：迈向世界第一

大我为先

一、永续理念

可持续发展理念：由萌芽到开花结果

> 惊悉全球化变暖问题日益严重，危机迫在眉睫，我遂构思如何由自我出发，对保护环境，以至可持续发展略尽绵力。

影响愈大，责任愈大

时至今日，晶苑集团的运营遍及6个国家20多个地区，聘用逾六万人，生产量逐年递增。2014年，晶苑成衣产量已逾三亿多件，地球上平均每17名成人，即有一位身穿晶苑所产服装。

集团规模日益壮大，所产成衣于全球市场占有率将进一步提高，影响力日渐增强，须承担之社会责任也会愈来愈重。

初创业时，企业以站稳阵脚为先，继而求稳定发展和持

大我为先

续增长。近十年来，我一直思考，如何才能令晶苑永续经营——不仅传承拥有权，而且持续经营模式，持续和各个合作伙伴间的关系。

企业永续经营向来困难重重，可持续发展理念令我如获至宝——企业能否永续经营，其要在"人"。市场不断改变，人之诉求亦未停止改变。今日企业赖以成功之要素，明日或变成过时之败因，唯一可靠者，乃"人"之灵活变通与因时制宜。

绝望真相，催化思维

2006年前后，我在航班上看完了由美国前副总统艾伯特·戈尔（Albert Gore）主持，呼吁关注全球气候变暖之纪录片《绝望真相》（An Inconvenient Truth，内地译为《难以忽视的真相》）。片中述及气候变化对全球环境之影响，并指出人类应尽快采取适当行动。惊悉全球化变暖问题日益严重，危机迫在眉睫，我遂构思如何由自我出发，对保护环境，以至可持续发展略尽绵力。

回港后，我即购入多套《绝望真相》光盘，赠予公司全体管理层，冀望大家看后能明白事态之严重。其时适逢王志辉购入《绝望真相》文字版书籍，遂要求全体管理团队抽空观看该片，并组织集思会，互相分享感想；并鼓励众人关心环境，多阅读相关书籍，踊跃讨论晶苑该如何为可持续发展做出贡献。

第六章　永续："以客为尊"，秉承可持续发展理念

建立框架，专立部门

其时，晶苑上下对"可持续发展"概念不甚了解，只知环境保护为其中一环。

晶苑内地一家工厂喜获广东省"清洁生产企业奖"，评奖要求包括量度与节约能源、资源及相关成本，并需提交相关财务数据为证。由此，我即体会，环保不仅是节约资源，还应包括提升运营效益、降低生产成本。

晶苑于 2007 年推出可持续发展理念，以各界认同之"3P 共赢"（3P 指 Profit，经济/盈利；Planet，环境/地球；People，社会/人）为基础，量体裁衣，制定一套可持续发展框架，后再添加"创新发展"及"产品完整性"，成以下五大要素：

1. 环境保护。
2. 创新发展。
3. 产品完整性。
4. 员工关怀。
5. 社会参与。

企业如欲成功，务必获得全体利益相关者，即股东、企业行政总裁、董事、管理人员、各级同事，以至客户支持，

同时以"大我为先"精神，共同追求可持续发展。两者均已成为晶苑人的基因，融合而成晶苑之企业文化。

建立框架后，即制订五年可持续发展计划。欲成功推动转变，只订目标，显然不足，须作定期监控，方可持续进步。

其时，不少客户都开始成立专职部门推行可持续发展，晶苑集团质量保证部总经理赵玉烨（Catherine Chiu）问我："是否需建相应对口部门？"我一向深信组织架构以简为美，不欲大增人手，故如此回应："何不将质量保证部的简称，由原本的CQA，变为CQS？所添之'S'，即Sustainability（持续性，永续性）。以后，就由你的部门专门负责可持续发展工作吧！"

专门负责可持续发展工作的"集团质量及可持续发展部"（CQS）就由此诞生。

第六章　永续："以客为尊"，秉承可持续发展理念

3P 共赢

> 企业获利，方能再投资于可持续发展，形成良性循环，而员工享有工作及发展机会，则成共赢局面，各蒙其利。

持续发展，多方共赢

可持续发展与质量保证，均属未雨绸缪之举，须符合规定之要求，并持续进步。

每一项工作均能一次准确做到、零瑕疵、免返工，乃质量保证精神，而不污染自然环境、省资源、除浪费，则为可持续发展之实践，合二为一，即能相辅相成，达"3P 共赢"之局面。

而"3P 共赢"更可兼顾企业员工之福祉、地球长期生存及股东投资回报三方所需，亦能履行可持续发展之三重基线。

兼顾赢利，良性循环

初推可持续发展时，管理层均认同该理念，但仍顾虑成本问题会成为重担。不少商界中人皆视环保为开支，部分企业经营者更视社会责任为掣肘，以为这样会削弱企业竞争力，甚至有声音称，制造商理应管好生产及质量，致力环保是不务正业。此外，企业更担心注重环保会造成经济负担，降低公司竞争力或优势，以致落后于对手。

然而，经验告诉我们，环保实具财务回报能力！资金用于保护环境，除能减少污染，亦能降低水电所耗。将所省开支折合，即能计算回本时日，其后所省开支，即成长期投资回报。

晶苑初推可持续发展时，乃本自"大我为先"精神，由关爱环境、保护地球出发。罗正亮作为现任行政总裁，亦极认同可持续发展理念，其见解更青出于蓝。他认为如公司利润不足，本身未能持续发展者，就算在保护环境、关爱员工方面成就昭彰，亦难有所为。因企业既倒，保护环境、员工关爱，根本无从谈起。

因此，为能长期照顾环境及员工所需，务必兼顾赢利能力。企业获利，方能再投资于可持续发展，形成良性循环，而员工享有工作及发展机会，则成共赢局面，各蒙其利。

经多年实践，总结所得，赢利、环保与企业社会责任，三者之间，实能互补，并产生良性效益。

第六章　永续："以客为尊"，秉承可持续发展理念

经商非零和游戏

> 经商非零和游戏，我赢非必你输，实可凭各自努力发展整个行业，惠及经济，助民共富。此方为工业家、企业家应肩负之使命。

非必零和，共存共荣

晶苑推动可持续发展未足十年，所缔佳绩远超初想。晶苑共获颁大小奖项、专业认证近400项，举其大者，如恒生珠三角环保大奖之金奖、香港环保卓越计划界别卓越奖之金奖（制造业）、《镜报》杰出企业社会责任奖……

考其成就，"大我为先"之企业文化，功不可没。大业功成，改变革新，事在"人"为。故"以人为本"，极其重要。

我乐见公司上下，不论工作生活，皆感愉快；照顾所及，始于工作间，达于家庭、邻里、社会；无论工作职务、身心健康、

大我为先

法律理财、生活知识均能覆盖；务使晶苑同人全无后顾之忧，得以上下一心尽展共能，持"大我为先"精神奋斗，共享美满成果。

我一向所持理念，即赚钱固然重要，却不容忽略环境及员工所需。经商非零和游戏，我赢非必你输，实可凭各自努力发展整个行业，惠及经济、助民共富。此实为工业家、企业家应肩负之使命。

企业之于社会，除对员工尊重、关爱照顾、传递正能量外，更重要者，为承担资源再分配责任，促进和谐，助人自助，使人员各尽其职、发挥所长，助企业提升生产力及竞争力，促进社会及经济发展，令家庭生活美满和谐，造就良性循环。

晶苑在发展中国家投资设厂，不仅为股东增创投资回报，也为当地社会创造价值，具体包括：

1. "以人为本"之管理——员工赚取合理工资，可提升生活水准，更能以和谐心态持家睦邻。
2. "可持续发展"之运营——通过聘用工人，在提升当地国内生产总值之余，环境仍能受到良好保护。
3. "产品良心"之社会价值——顾客选购晶苑所产服装，附加生产者之良心价值，能提升社会文明程度。

晶苑之产业全球化战略，不仅为发展中国家经济及社会发展做出贡献，亦能切合客户及消费者所需，进而达致多方共赢。

第六章　永续："以客为尊"，秉承可持续发展理念

提高标准，持续进步

> 牛仔裤工厂，向来被视为较高污染及耗能项目。当时，我们决定将其选择为"可持续发展示范工厂"，意在迎难而上。如牛仔裤厂能有所成，生产其他产品的工厂将更易成功。

目标为本，树立典范

晶苑向来注重"目标为本"之数据化管理，故于2007年推行可持续发展方针时，亦定下量化目标，以助经营者更有效地执行管理，并提供努力方向。当年所采取措施，简述如下：

1. 在集团层面，组织"环保督导委员会"。
2. 制定集团环保政策。

3. 制定集团五年环保目标。
4. 选定中山益达牛仔裤工厂为"可持续发展示范工厂"。
5. 促进内部对环保之认识及实践。

牛仔裤工厂，向来被视为较高污染及耗能项目。当时，我们决定将其选择为"可持续发展示范工厂"，意在迎难而上。如牛仔裤厂能有所成，生产其他产品的工厂将更易成功。如有可持续发展示范工厂为例子，其他工厂将更易效法，执行方法及成果亦易互相借鉴，口口相传后即能推动行业企业共同参与环保工作。

新设之全球工厂，也根据集团可持续发展所要求之环保设施规格建造，如2015年柬埔寨新设牛仔裤厂，即采用中山益达厂之高环保标准。厂房内含节能设备、先进污水处理设备及回用水系统等。

此举非为只达本身要求，更重要者乃树立示范，让当地其他工厂可参照此环保设施规格运作。冀望由晶苑开始，为发展中国家引进更多"环保工厂"概念，从而提升当地发展标准，使其既受惠于经济发展，亦能于人文及环保上有所进步。

改变自己，改变企业，改变世界。冀望我能将晶苑经验推广开，以"带动行业达到可持续发展"为方向，尽一己绵力，促成其事。

晶苑于2008年，与本港业界志同道合者，组成"时装企

第六章 永续:"以客为尊",秉承可持续发展理念

业持续发展联盟"(Sustainable Fashion Business Consortium,SFBC),以联合时装供应链各单位,同就气候变化、空气污染及水污染等议题,寻求解决方案,分享最佳实践。

晶苑也积极参与环保组织项目,如2009年参加世界自然基金会香港分会(WWF)低碳制造计划(Low Carbon Manufacturing Programme,LCMP)之领航计划,一方面开放工厂,供对方深入了解制衣流程,以及可行之环保改造方案;另一方面,公司上下学习节能减碳知识,共同获益。

2010年,"可持续服装联盟"(Sustainable Apparel Coalition,SAC)这一国际性组织成立,推出生态服装的新评定标准,旨在为时装供应链各单位,由上游物料布料供应商,至下游制衣厂、品牌商及零售商等,提供一套可持续发展评估工具,其内容包括环境、社会及劳工等,冀望最终能成为时装业界统一标准。制衣业内,晶苑起步相对较早,故我们乐意为设立行业标准出一份力。此外,晶苑更以成衣制造专家(Subject Matter Expert)身份,为"可持续服装联盟"提供可行性建议。

晶苑于2012年正式成为"可持续服装联盟"会员,承诺在集团内推广及应用新评定标准,作为内部教育及考核之工具,并于不同场合分享应用新评定标准之经验,以助业界更广泛了解其重要性,并明白如何在企业内部应用。

二、永续策略

可持续发展理念

> 以终为始,晶苑于2008—2012年,推出首个可持续发展五年计划,所涉环保目标,制定从简,指标务实,能予量化,合乎数据化管理原则。

上下一心,事必可成

晶苑集团以我毕生心血建立,为我终身事业所在,由零开始,达至今日规模。无论是我、罗太太,还是管理层和整个团队,都曾付出不少心血和汗水,历经风浪挫折,方有今日所成。故我常反复思量,如何能永续经营,不仅关乎本人成就,更是对团队和社会之责任。

永续经营,非仅空想即能达臻。看完《绝望真相》,并

第六章　永续："以客为尊"，秉承可持续发展理念

了解可持续发展之 3P 理念后，我对晶苑之永续经营，其心更炽。然仅靠一己之力，虽怀理念，终难落实。

回念一想，晶苑所聘员工数以万计，制衣所产可视为人类第二皮肤，故"人"之元素，对可持续发展如何由理念化为实践必不可缺，既为启动者，亦为执行者。我若能与管理团队并肩，坚持可持续发展理念，为晶苑永续经营奋斗，上下一心，事必可成！

中西合璧，永续发展

2007 年，管理团队群策群力，制定集团可持续发展框架、政策及目标，组建可持续发展督导委员会负责其事。此一西方管理模式，重系统化、数据化，能作妥善管理，量化成果，数据透明，来龙去脉一目了然，有助于持续改进。

及后，晶苑既具东方"大我为先"思想，又以西方管理系统推动，中西合璧，为永续发展奠定良好基础。

五年计划，持续执行

以终为始，晶苑于 2008—2012 年，推出首个可持续发展五年计划，所涉环保目标，制定从简，指标务实，能予量化，合乎数据化管理原则。如减少二氧化碳排放、种树一百万棵……欲成功推动转变，只订目标，显然不足，须定期监督，方可持续进步。

其中，有一项实用指标，乃减少产品空运次数。因空运

大我为先

增加成本,有损公司利润,而飞机每飞行一公里、每运送一公斤产品,即造成碳排放,消耗大量能源。准时交货,则无须空运即可节省成本,实属日常责任。然此举可将责任量化,更能减轻对地球之影响。

首个五年计划,其成绩为:

1. 每件成衣减少二氧化碳排放量达 21.3%。
2. 每件成衣减少能源消耗达 6.6%。
3. 减少物料使用达 34.4%。
4. 植树 1046647 棵。

2012 年,晶苑再定第二个五年计划,即 2013—2017 年之计划,彰显企业持之以恒,不断突破,以可持续态度挑战未来。所订环保目标包括:

1. 每件成衣二氧化碳排放量减少 6%。
2. 每件成衣淡水消耗减少 10%。
3. 每件成衣能源消耗减少 5%。
4. 使用回用水比例达 50%。
5. 生产废弃物零堆填。
6. 减少用纸 10%。
7. 使用再生能源比例达 10%。
8. 植树 100 万棵。

第六章　永续:"以客为尊",秉承可持续发展理念

从硬件投资到长远制胜

> 种下一棵树苗,就种下一个希望。

节省资源,增竞争力

晶苑有效投放资源,提升环保效益,获得丰硕成果。事实证明,推行环保非经济包袱,反而能增强竞争力。

内地厂房生产成本虽较他处为高,然因推行环保政策,能源成本可节省30%,整体运营成本上涨幅度遂减,乃成其重要竞争优势。

集团现已落实之主要环保项目,包括:

一、无纸化办公室:无纸化办公能简化繁复程序,并用以下三种方式,改善授权签名流程。

1. 减少不必要的签署。
2. 如签署具有重要性,减少签署者数量。
3. 加强电子化管理。

晶苑与供应商往来，早转用电子支付（ePayment）、电子装箱单（ePacking List）等处理，电子银行的应用更习以为常。故科技发展，早省去不少签署之流程。

二、无纸化工厂：传统上用人工记录员工产量，现全面采用射频识别技术，储存电子化数据，不但准确度高、省时省力，而且能大幅提升产能，减低采购成本。

工厂用纸，尽量减免，或采用环保纸。此举除环保外，还能减少处理废纸的时间及费用支出。现在，每年所省纸张费用已达数千万元。

三、水资源管理：包括减少水和化学品的使用，并尽量循环使用水资源。

晶苑牛仔裤厂均引入可持续洗水方法及技术。生产期间，尽量避免使用饮用淡水，并提升水回用比例，将排放减到最低。现时，污水处理后回用已达到80%，当中65%应用于生产，15%用于清洁及灌溉，估计每年所省淡水达18亿升。

水资源管理初显成效，江苏和广东两家牛仔裤厂喜获殊荣，分别于2012年获江苏省颁发的"江苏省省级节水型企业"，于2014年获广东省经济和信息化委员会、广东省水利厅颁发的"广东省第一批节水型企业"。

四、应用再生能源：厂房设计尽量应用天然采光，以减少照明用电；于工厂及宿舍，应用太阳能热水系统，减少石化燃料消耗；蒸汽使用占工厂耗能的50%至60%，故改用可再生之生物质类燃料，从而降低碳排放。

第六章 永续："以客为尊",秉承可持续发展理念

五、节能设备:照明灯具逐步由T8灯管转用T5灯管,以至LED(发光二极管)灯管,并通过亮度测试,自动识别多余灯具,从而提升效益。

空调方面,除在原有设备上加装变频发动机外,亦引入新型系统,如水蓄冷及冰蓄冷空调。新系统在晚上利用低谷电力制冷,再于日间释放冷能,可免于日间使用大量峰电,平衡当地供电使用。此举既可节能,亦能提升供电效益。

六、新型生产技术:提升生产效能,以更少资源制造产品,亦能达到环保效果。故晶苑引入精益管理方式,采用崭新技术及设备,或由企业内部研发机器,力求提升生产效能。

现在,晶苑厂房已采用自动吊挂系统,以及其他自动化设备,不仅提升产能,亦有助于员工减少体力劳动,提高效率。而采用激光技术,除取代有害生产工艺,亦能革新产品种类,增加产品附加值,为客户提供更多元化的选择。

十年植树,广种希望

时至今日,晶苑已于设厂地区完成植树逾150万棵。

植树虽未为公司赚取额外利润,但所植之树,能与社会共生,对当地而言,所创环保及经济效益,实在无可估量。

如晶苑于广东清远及曲江建生态林,重塑当地自然生态。又如在斯里兰卡,晶苑栽种15万棵椰子树,不仅修复生态,也能让当地居民通过照料果树、贩卖椰子,实现自给自足。

种下一棵树苗,就种下一个希望。

阅读链接 >>>

打造节水型企业

——王志辉谈中山益达牛仔裤厂的滤水系统

中山益达牛仔裤厂,可以说是晶苑推行环保的先行者。晶苑的可持续发展政策,于2007年制定,而牛仔裤厂则设立于2005年。早于2003年,我与罗先生便走访珠江三角洲多处地方选址设厂。当时所想,是要发展专门产品,达到世界第一。分析市场后,我们决定以牛仔裤作为争取世界第一的产品线。

其时,罗先生向我说,生产牛仔裤要用很多淡水,以进行洗水等多个工序,他希望厂房完全不使用食用淡水,同时也要根据法规,尽力减少污染物排放。

● 把握先机,设滤水厂

当年我们已预见环保法规势将愈收愈紧,污水处理除须合乎国家标准外,还要具前瞻性,因此我们必须主动改良设备。

我们在2004年敲定建筑蓝图时,做了两套水网,一套用自来水,另一套用处理后的回用水。规划建厂时,则采用了当时最先进的污水处理设备,经洗水工序后的污水通过高效的滤水系统处理后,就可重复使用于生产中,或其他非生产用途,例如冲厕、绿化、清洗马路,以减少对外排放。

第六章　永续："以客为尊"，秉承可持续发展理念

可见晶苑的环保意识，其实早已存在。

● **勇于实践，建立文化**

我们参加了不同的环保奖项评比，并屡获殊荣。参与奖项评比最重要的目的，是要令员工更团结一心、众志成城，为共同目标而奋斗。赢得奖项，肯定了员工们所做的努力；获得各界认同，令他们更乐意去做更多与环保相关的工作。

通过参赛激励，我看到厂内气氛更团结。中山益达牛仔裤厂成为晶苑集团的示范工厂，不仅能令其他姊妹工厂有一个成功的榜样来效仿，缩短学习时间，同时也获得了客户认同。

我们亦非常乐意与业界及其他行业分享经验，逐渐改变同业对环保的看法，让他们明白投资环保，并非只是大撒金钱，一无所获，而是能降低经营成本，提高竞争能力。

罗先生经营晶苑 46 年，在这一行业工作也逾 50 年。我相信他的心愿，是通过可持续发展，通过我们的价值观、文化，令晶苑成长为长青企业，并能与同业分享如何在发展的同时，减少对环境的影响、对资源的消耗，进而提升企业标准，为社会做出实实在在的贡献。

全面创新成为新常态

> 晶苑于生产流程、管理模式方面屡屡创新。无论是在车间,还是在办公室,晶苑均鼓励员工提出创新意见。从优化生产过程、改善工作效率,到提升员工生活水平等,各种建议均受到企业欢迎。

全面创新,提升价值

晶苑重视全面创新,此乃企业核心价值观之一。

全面创新指无论各大小环节、步骤、流程、产品、服务,均鼓励创新。

创新,为不断持续之过程。晶苑鼓励全民参与创新,一方面引入先进自动化设备,另一方面积极参与新技术研发,这对提升集团生产力功不可没。

第六章　永续："以客为尊",秉承可持续发展理念

除创建有利环境,鼓励全民参与外,集团属下各分公司均设专属产品设计中心,不断开发新产品及新技术。同时,晶苑亦设工业工程部,用以提高生产力。工厂规模较大者,更设技术发展部,研发洗水、机械或软件科技,如电子化、射频识别技术应用、大数据分析、提升工业4.0应用能力等。这样做,不仅彰显晶苑锐意创新之决心,亦能确保创新之管理及执行顺利展开。

集团内现已设有:

1. 全国首家国家级认可企业内建牛仔裤检测实验室。
2. 广东省级认可牛仔裤工业技术中心。
3. 中山市级内衣企业技术中心。
4. 针织及毛织成衣研发中心。
5. 四所持续改善中心。

持续改善中心推动研究制衣设备及工艺改良、技术创新、产品创新、工艺创新、流程优化等,并通过自家开发之辅助工具提高劳动生产率。如针对车缝牛仔裤装袋难度较大、对工人技术要求高这一问题,创新团队研发装袋辅助工具,既能提高效率,又降低了对工人的技术要求,缓解了用工压力。

创新解难,实现共赢

晶苑于生产流程、管理模式方面屡屡创新。无论是在车间,还是在办公室,晶苑均鼓励员工提出创新意见。从优化生产过程、改善工作效率,到提升员工生活水平等,各种建议均受到欢迎。

员工所提创新项目,不乏改善生产运作、车缝工艺、工作方法者,在提升品质之余,亦体现可持续发展"多方共赢"之优点。如建议具有可行性,对员工予以奖励,故员工热心建言,眼见一己创新落实,亦能激发其工作热情。

晶苑不少创新,或多或少已颠覆传统制衣方式。不少破旧立新的提议,可令品质提升。次品既减,浪费亦省,缩短操作时间,有助提升产能,员工效率改善即可多赚工资,公司则可一同获益。

第六章　永续："以客为尊"，秉承可持续发展理念

由优良品质到良心品牌

> 有些问题今日虽未受法规所管，但不等于可以视而不见，默许它存在。企业应具先见之明，制造良心产品，创建良心企业。

品质为本，一次做对

工业企业，产品品质极为重要。

晶苑向来重视品质，除将"品质为本"视为企业价值观外，更成立专职部门制定品质政策，冀望能为国际品牌客户，以至最终消费者，提供具有"优良的品质、准确的时间和合理的成本，符合社会责任及产品安全要求，并对环境带来正面影响"之产品，"使其感受物有所值之喜悦"。

时装产业链，工序繁复，环环相扣，稍有差池，问题即如雪球愈滚愈大。对于品质，晶苑一直力求坚持"每一项工

作均能一次准确做到"这一精神,不容问题出现,更不任其蔓延。引进品质管理系统,制定品质目标并宣传沟通,务求公司上下全部了解集团对品质要求严格、极其重视,使员工将品质保证视为己责,人人出力。

再以成衣安全为例,晶苑应用设计风险分析,就产品款式提出安全风险,并与客户沟通,解释风险所在,建议防患于未然的改善方法。生产完成后,更对产品进行测试,确保在功能上,在物理及化学性质上,均对消费者安全无害,以作双重保险。

良心产品,良心企业

晶苑集团以品质为本,所重视者,除产品质量优良、安全无害外,更重视其良心价值。

传统品质管理观念,以产品本身为主,往往忽略对负责生产者、市场消费者,以至广大公众所产生之影响。

晶苑在面对客户、消费者、集团上下,以及气候变化和全球污染问题上,坚持可持续发展理念,重视产品良心,冀望能在制造时达致环保安全,无负于员工、消费者、社会,以至地球生态。

公司内部亦重视生产安全,确保同事工作环境安全舒适;在制造设计时,引进低碳生产概念,务求每一生产环节,均较传统方式更为节能环保。

第六章　永续："以客为尊"，秉承可持续发展理念

良心化产品得以成功，有赖于管理层及员工同心合力。有些问题今日虽未受法规所管，但并不等于可以视而不见，默许它存在。企业应具先见之明，制造良心产品，创建良心企业。

保护品牌，赢得信赖

对于自然环境、整个世界，以至人类福祉，大家均应有所承担，绝不能只顾"小我"发展，而忽视"大我"所需。如大家均无视"大我"需要，相信环境大我，亦会对肆意破坏地球生态之"小我"作出回应。最终受害者，必为今日自私之"小我"。

晶苑之成功，除具卓越团队外，客户信赖亦极为重要。全体客户皆认同服装品牌均须面对消费者所需。如产品出问题，消费者将对品牌丧失信心。故身为生产商，务必不负消费者，为良心产品时刻把关。如此，品牌客户方能安心委托，业务则蓬勃可期。

照顾客户品牌，将之视如己出，客户由此获得可靠支持，我们亦得稳定订单，战略伙伴关系遂更紧密，双赢可达。为支持可持续发展，制造良心价值产品，所作投资必然增加。然晶苑心系"大我"，当应环保及社会之所需，当仁不让，亦在所不惜。长远而言，有助于提升晶苑之市场竞争力，促进可持续发展。

既是员工，亦是家人

> 欲落实人性化管理，必先要求各级主管，皆以人为本、以身作则、将心比心、尊重员工，以助员工提升产能、增加收入、保障安全、身心愉快，个人生活水平遂能提升，并惠及家人。

关爱员工，人性管理

晶苑以人为本，向来重视员工关怀，所订策略以著名心理学家亚伯拉罕·马斯洛（Abraham Maslow）之"需求层次理论"（Hierarchy of Needs）为基础，既满足员工基本需要，亦唤醒同事意识，明白一己潜能，有力向上发展，进而与企业同进步，为社会做出贡献。晶苑又借培训及发展机会，使其明白改变世界，必先反求诸己，立己立人；组织活动，皆为培养归属感，促进团队共融、彼此尊重。

第六章　永续："以客为尊"，秉承可持续发展理念

欲落实人性化管理，必先要求各级主管，皆以人为本、以身作则、将心比心、尊重员工，以助员工提升产能、增加收入、保障安全、身心愉快，个人生活水平遂能提升，并惠及家人。

安全保障，视若家人

员工安全，极受晶苑重视。法律虽未规定，但晶苑已自觉订立更完善标准，冀望保障生产安全，以体现"大我为先"精神。

只要换位思考，先想他人所需，即见风险所在。晶苑立志要成为世界第一之制衣企业，未来将建立超级工厂，聘用数以万计的员工。因此，人命安危，责任重大，对消防隐患、工业安全、职业健康，均需份外在意。

工业安全，目标当为"零容忍"。对待员工如若家人，岂容犯险？虽然工厂机械，风险自存，但完善安全措施，可免不必要危害。

高级管理人员均要定期开会，集思广益，估量危机，并致力优化危机管理机制。

女性员工，多项关爱

晶苑集团女员工占整体员工人数的七成，可谓"撑起半边天"，故晶苑特为女性员工提供不少关爱及个人成长项目，

如准妈妈座谈会、健康回报计划（Health Enables Returns，HER），以及个人发展和职业提升项目。所提供项目内容丰富，包括个人健康、家庭计划、压力及情绪管理、沟通技巧、法律及理财知识等。

就个人而言，健康教育有助改善女性体质，使其能更好地平衡工作及生活，妥善照顾家人；拥有健康的身体及特定技能者，亦更易于在工作中获得升迁机会，进而提升生活水平；改善沟通技巧，既有助于同事间融洽相处，亦能改善家庭邻里关系。

与人相处融洽，于己生活健康，惠及家庭以至社会。晶苑专为女性而设的此类项目，至今已有15000多位参与者。

第六章 永续："以客为尊"，秉承可持续发展理念

成就优秀的"企业公民"

> 有受助学生学有所成，应聘加入晶苑实习生计划。播种善因，收成善果，殊堪称慰。

取诸社会，不吝回馈

晶苑愿履行企业社会责任，成就优秀的"企业公民"。集团人力资源部提出"同分享、齐关怀、共成长"的口号，正反映构建"无疆界社会"之愿景。企业号召公司上下，投身社会服务，秉持"以人为本、大我为先"之理念，帮助弱势群体。基于此，晶苑有幸于2010年，获颁"首届香港杰出企业公民奖金奖（制造业）"。

晶苑成立之初，罗太太与我常走访不同地区考察，制订设厂计划。每于落后地区，见衣衫褴褛的老人或失学儿童游荡街头，我感触殊深。故多年来，晶苑陆续与善心友好人士

合作，推动慈善活动开展，如安排学校、大小企业、政府部门相关人员到晶苑厂房参观，冀望为社会注入正能量。晶苑还曾成功在顺德罗定邦中学推行"高效能人士的七个习惯"及社会参与活动，安排师生到晶苑工厂参观，借此拓展该校师生的文化视野。

"取诸社会，用诸社会"，我今日得此社会成就，理所当然要作出回馈。故晶苑致力于向员工灌输关怀分享文化，旗下各厂均设志愿者队伍，协助建设当地志愿者队伍，鼓励他们回馈社会。

担任志愿者后，员工自能了解，凭一己力量亦可贡献社会。员工参与志愿服务，每见受助众人均为生活困苦者，即明白幸福非必然，从而提升斗志、爱心及修养，追求更卓越人生。

用诸社会，亲力亲为

曾有人言，从商为业，生意为先，耗费心思举办慈善活动，能否有益于生意？如欲为善，捐款即可，自有代劳之人。

罗太太与我，皆认为捐出善款并非难事，然如何确保所施分毫俱能惠及真正需要者？或者如何令受助人自力更生？故我赞成亲力亲为，"助人自助"方能真正履行社会责任，有助社会持续向好发展。

玉清基金，造福社会

罗氏家族名下，虽已设"宏施慈善基金会"，致力"关

第六章　永续："以客为尊"，秉承可持续发展理念

心弱小、慈善为怀"，并由我担任主席一职。然念及身体力行，我遂鼓励罗太太另立基金以开展慈善事业，并由她亲自主持。2004年10月，罗太太以自己之名成立"玉清慈善基金"，以期造福社会，协助所需。

每年，晶苑集团均联同"玉清慈善基金"服务内地贫困地区。2009年，该基金赞助韶关市曲江区成立志愿者协会，宣扬"帮助他人，服务社会"之理念，所需经费均由晶苑提供。至今，该协会已有逾14000名志愿者，预计每年可提供九万多小时志愿服务。

"玉清慈善基金"还设有"复明希望工程"，与曲江眼科医院合作，为贫困长者开展白内障手术，使其重见光明，既能照顾自己，还能照顾那些父母在外地工作的留守儿童。此外，该基金亦协助中国偏远地区医院更新医疗设施，资助培训计划，提升医护专业水平。

我一向深信知识改变命运，教育对社会发展尤为重要，故早在1997年，晶苑即参与香港义务工作发展局开展的中国"希望小学"计划。"玉清慈善基金"同秉重视教育理念，于贫穷及偏远地区兴建新校，翻新校舍，为弱势儿童提供免费教育，同时捐赠奖助学金，冀望为中小学生接受教育尽绵薄之力。

及后，该基金扩大支援范围，助弱势学子接受高等教育，使其脱贫，受惠奖助学金者亦扩充至高中和大学。有受助学生学有所成，应聘加入晶苑实习生计划。播种善因，收

获善果，殊堪称慰。

晶苑志愿者队伍会定期探访复明手术受惠长者，以及基金所支援学校。除捐助桌椅文具外，志愿者更无私奉献心力，与偏远山区学生共同游戏。每逢节日，还亲自下厨，与学生同享菜肴。

每遇天灾，晶苑亦解囊捐助，除捐助应急款项、食物衣履以及急需物资外，更安排职工募捐，以解灾区人民的燃眉之急。

结伴而行，走向希望

共襄善举仅属"社会投资"，对企业账面赢利并无贡献，然能为受惠者以至整个社会创造价值，带来希望，传递正能量，亦属值得。

踏上可持续发展之路，绝非平坦大道，需要有无比决心、勇于承担和高瞻远瞩。奋斗过程冷暖自知，所幸我能领略希望及机会对人之重要。人若能有进步之望，有充实一己之机，即能自力更生，自给自足。

另有幸者，有贤内同行，吾道不孤。罗太太与我互相扶持，伴我共度艰苦岁月，由建立家庭到并肩创业，50多年来风雨无悔，对其爱护与支持，谨致万分感激！

第六章　永续："以客为尊"，秉承可持续发展理念

三、永续文化

可持续发展理念——"大我为先"

> 晶苑虽为家族企业，却以"大我为先"之理念追求永续发展，经营视野遂变长远，能令管理层鼓足勇气，面对短期逆境，部署长远投资。

企业文化，永续之源

企业欲求永续经营，管理者须对"大我为先"及"可持续发展"理念深入了解、充分认同，并致力建构，使其成为企业文化。

晶苑虽为家族企业，却以"大我为先"之理念追求永续发展，经营视野遂变长远，能令管理层鼓足勇气，面对短期逆境，部署长远投资。

企业管理者，尤以最高领导，如行政总裁，不仅需照顾股东利益，更要照顾员工、客户及社会利益。若能以"大我"

为先,屏除自私"小我",以集体目标作为团队努力方向,鼓励每位员工均于本位发挥,以企业家精神施展潜能,便能取得长远而持久之利益。

立足商界多年,我耳闻目睹不少大型企业没落。究其原因,不外乎只重眼前,不愿长远投资于培养人才、建构企业文化,缺乏核心竞争力。如领导者目光短视,仅追逐"小我"利益,致团队腐化,企业由是没落。只重短期利润提升,背后所付代价,乃牺牲未来竞争本钱,蚕食企业长远前景。时日一久,即难敌商海波涛。

软硬兼备,带来优势

晶苑多年来所建团队,皆认同"大我为先"理念,能弃"小我"短期利益,优先考虑团队目标,以"大我"为重。如遇问题,则团队成员共同承担。企业用人唯贤、充分授权,员工方能自主,遂能视公司业务为己业,尽展所长。企业员工"以人为本",善于换位思考,以同理心待人,了解客户及同事需要,整个企业犹如无疆界组织,沟通透明,相互尊重,凝聚力遂强。

晶苑客户属国际大型服装品牌,能与之结成战略伙伴关系,不离"安心信赖"四字。晶苑所制产品,无论品质、价格、品牌保护、产品开发、系统结合,均能满足客户所需。信心所系,业务自来,故晶苑能订单无忧。

晶苑团队,软硬实力兼备。软实力如团队人才、企业文化、

第六章　永续："以客为尊",秉承可持续发展理念

良心生产、以客为尊、可持续发展等,加上信息科技、创新技术、品质系统等硬实力,遂成晶苑之竞争优势。其势既成,晶苑即可迈向永续经营。

如想学习其要、复制其成,甚至欲取代其位,信亦知易行难。

阅读链接 >>>

一位伟大企业家的 360 度感染力

——赵玉烨（Catherine Chiu，晶苑集团品质及可持续发展部总经理）谈罗先生的可持续发展哲学

我在晶苑工作 20 多年，看到罗先生与罗太太持续关心社会、支持环保，并身体力行，深感敬佩。

罗先生常说，若只于晶苑内推行环保及社会责任，受惠者就只有我们自己的员工。若集团上上下下数万名员工一起支持，由他们去感染身边的人，例如家人、亲友、客户、供应商、政府员工、学校师生等，这股 360 度的感染力，将由一个企业影响更多企业，进而影响整个行业，再扩展到影响社会、国家，以至全世界！这样，我们对地球的贡献就会更大。

我想，这些只有颇具远见的企业家才能做到。因为晶苑于不同国家设厂，雇用大量员工及管理人，建立当地的物流网络，通过基建及培训，配合晶苑可持续发展理念等企业文化，直接或间接地推动当地经济发展，提升人民生活水平，增强民众环保知识和管理能力。这对于当地的环保、经济及民生，都做出极大贡献，达致多方共赢。

作为晶苑员工，我耳闻目睹老板分享这套理念，实在大为感动，并受到鼓舞。罗先生常说，做生意不只是为利润，

第六章 永续："以客为尊"，秉承可持续发展理念

还要顾及人和环境的可持续性，否则工厂亦不能长远发展。

● **学习于贤，终身受用**

我从 2007 年开始，跟随罗先生一起推动可持续发展政策实施。多年来，除了减少能源消耗，晶苑更建立起良好的企业文化。虽然过程中，不免遇到困难及挑战，但我从罗先生身上学到的，毕生受用无穷。他说：

"每个人都应该有自己的梦想，并为其努力，使能成真。

"不要害怕失败，这只是成功的垫脚石。

"如你想改变世界，必先从改变自己开始。"

我十分敬佩罗先生。他不仅是集团主席，更是整个集团的精神领袖。虽年过 75 岁，但他仍锲而不舍地坚持及推动可持续发展，更改变原来的低调作风，不断向外宣扬可持续发展对世界的重要性。

他是一位非常仁慈、充满热诚、极具同理心的领导。他充分利用一己创意，推动企业文化建立，更乐于分享其感人经历及童年的艰辛故事，试图通过不同方式去勉励年轻人，令人建立积极正面的价值观，为他们的未来注入希望。

他也是一位开明、调皮的爷爷，在参与集团组织的志愿者活动或其他不同的场合中，我看到他与家人和睦相处，感受到他对家庭的重视，特别是对家庭教育及相互沟通尤为看重。

这种感染力，令我能从更宏观的角度思考，亦启发我待人处事都要充满热诚、慈爱，设身处地为他人考虑，并

积极赞赏他人。

我确信这也能感染整个部门的同事,提升我们的凝聚力。对待不同部门的员工或其他合作伙伴,这种精神更能促进融洽的合作关系。

我享受在晶苑工作的每一天,亦感恩有一个美满的家庭。罗先生除在工作上教导我,亦启发我反思之前对家人的态度及相处方式,并做出修正。我的父母看到我这些年的改变,亦深感欣慰。

作为一个部门主管及母亲,我愿意继续传承这种理念,让世界变得更加美好。

第六章　永续："以客为尊"，秉承可持续发展理念

成为可持续发展的代言人

> 晶苑在可持续发展道路上起步较同业为先，亦获各界嘉许。晶苑也愿意尽量与同业及公众分享所知，冀望终能成业界标准。

积极推动，影响世界

从前我认为，若能独善其身、自行正道，即此心安处、足慰平生。遂经营之道、待人处世、所思所得，我均乐于与同事分享，然仅限企业内部，将其视作企业文化之一部分，对外罕有论述。

晶苑在可持续发展道路上起步较同业为先，亦获各界嘉许。晶苑也愿意尽量与同业及公众分享所知，冀望终能成业界标准。

2010 年，时值集团成立 40 周年，晶苑以私营企业身份

推出集团首份《可持续发展报告》,其后更随《全球报告倡议》(Global Resources Initiative, GRI)框架每年发表。该报告今已成集团重点沟通工具,除与读者,如员工、客户、供应商及社会大众等分享工作实践、相关计划及目标进度外,亦彰显集团之透明度,以便各界能就晶苑所做工作给予反馈。

在企业内部,团队上下乃最主要利益相关者。要改变企业,务必先改变员工。我遂为同事组织"全球可持续发展论坛",集合不同地区工厂及相关部门互相学习分享,并组织参观工厂,以便彼此借鉴。此外,再设"可持续发展101"讲座,供生产部、业务部、设计部及品管部同事参与,使其了解可持续发展之意义,并于工作中实践。

在企业外部,利益相关者虽多,实应以客户为先,故晶苑常组织客户属下各部门人员来厂参观。同时,晶苑亦应客户要求,开放工厂供供应商,甚至晶苑的竞争对手前来参观,分享可持续发展实战经验。

同业好友亦为宣传重点。故晶苑与各大商会及当地政府合作,专为制衣业同行开放参观,以期抛砖引玉,互相学习。

我与团队亦冀望年轻一代能认识制衣行业真髓及可持续发展之道,故积极与学界合作,为大中小学提供工厂参观、学科项目合作、实习生计划等。

针对不同对象的参观分享活动频繁,参观者已逾万人次。

第六章　永续："以客为尊"，秉承可持续发展理念

四、永续协作

可持续发展理念：一加一大于二

> 对企业而言，可持续发展乃将原来的外在因素予以内化，对受企业运营影响之利益相关者，更不容掉以轻心。

协同发展，共享价值

对企业而言，可持续发展乃将原来的外在因素予以内化，对受企业运营影响之利益相关者更不容掉以轻心。故企业须掌控各利益相关者力量，创造协同效益，与各界共享价值。

专业打造，树立楷模

中山益达牛仔裤厂自2007年起投资节能环保项目，所减用电成本已等于节约电力150万千瓦时，若干环保建设更

可于半年内回本。

中山益达牛仔裤厂积极参与专家团体举办的环保活动，如香港生产力促进局（HKPC）举办的清洁生产审核项目、世界自然基金会（WWF）举办的低碳制造计划（LCMP）领航项目等。通过这些活动，晶苑学习到行业最佳实践，以及碳足迹计算与管理方法。近年来，中山益达牛仔裤厂完成广东省清洁生产自愿审核，并获得低碳制造计划白金标签，成为该计划项目中首家获此最高认可之牛仔裤工厂，为集团旗下各厂树立了学习榜样。

第六章　永续："以客为尊"，秉承可持续发展理念

阅读链接 >>>

晶苑是"可持续时装"倡导者
——世界自然基金会香港分会行政总裁顾志翔先生对晶苑之评价

世界自然基金会为全球性环保组织，其使命在于建立人类与大自然和谐共存的未来。香港作为亚洲主要的商业中心，本地商业机构是世界自然基金会香港分会的强大盟友，与我们一同推动香港成为亚洲最可持续发展城市的愿景，当中晶苑集团更是本会的长期支持者。

在一般人眼中，制衣业与环保的关系不大。然而晶苑集团却早在2009年，就率先参加本会的"低碳办公室计划"（LOOP）及"低碳制造计划"项目，更连续五年获得标签认证，不断提高企业的碳绩效。事实上，在这两项计划开展初期，晶苑集团就主动与本会商讨如何在制衣业推广可持续发展，主席罗乐风先生亦联系制衣同业，成立"时装企业持续发展联盟"，创造及带领"可持续时装"的发展。

2010年，晶苑集团成为本会的公司会员，积极制定及实践公司的环保政策，集团员工亦定期参与本会在元洲仔自然环境保护研究中心、米埔教育中心及海下湾海洋生物中心的活动，提升环保意识。此外，集团多年来均参加了本会的年度旗舰活动——"地球一小时"，身体力行减少碳排放，自2011年起晶苑更赞助了大会服装。

创造可持续发展的无限商机

> 晶苑对可持续发展向来有承担,并常持开放态度,遂能吸纳及融汇多方专才,与众多志同道合者集思广益,为未来永续经营奠定基础。

世界潮流,商机无限

中山益达牛仔裤厂于环保方面取得佳绩,成功改变人们的一贯思维,使大家认同"牛仔裤亦能环保"。

环保产品已成世界潮流,晶苑客户皆属国际品牌,极为乐意生产相关衣物。有鉴于此,晶苑特添置先进环保生产器械,与客户合作开发及制造环保新产品。目前,晶苑拥有众多高效环保新技术,包括臭氧漂洗、激光、环保化学、可持续洗水工艺等。创新产品包括:与盖璞合作所制1969系列,部分产品在生产时可节省80%的能源、水足迹和碳足迹;李维斯

第六章　永续："以客为尊"，秉承可持续发展理念

（Levi's）水循环项目（Water Reuse/Recycle Program），更能以 100% 回用水生产牛仔裤；其他的还有用有机或再造面料生产成衣等。

为配合环保新产品诞生，晶苑更研发了"环保洗水计算程序"供客户使用，协助计算牛仔裤产品的生产工序能为地球节省多少资源等。

晶苑对可持续发展向来有承担，并常持开放态度，遂能吸纳及融汇多方专才，与众多志同道合者集思广益，为未来永续经营奠定基础。

五、展望：迈向世界第一

成为永续经营之企业

> 所幸晶苑早明其理，以人为本，培养出愿意承担、上下一心、极力支持可持续发展理念之团队，遂成为企业一大竞争优势。

谋事在人，成事在人

可持续发展政策乃大趋势，但政策须靠人推动，方会成功。如企业决策者不认同该理念，积极性自然欠缺，导致企业发展举步维艰。某些企业往往只重短期利益，忽略投资于"人"，面对不明朗因素时，宁可裹足不前，也不愿创新前行，遂难战胜未来挑战，遑论永续经营。

所幸晶苑早明其理，以人为本，培养出愿意承担、上下一心、极力支持可持续发展理念之团队，遂成为企业一大竞

第六章 永续:"以客为尊",秉承可持续发展理念

争优势。

以环保政策为例,除着重建设基础设施及管理系统外,于对营造绿色文化,由内部培训、与供应商员工交流,以至宣传推广,均须投入资源大力提倡,务使绿色文化能成企业文化之一部分。如此,方为成功之道。

荣膺《财富》杂志奖项，亚洲企业排名第一

> 晶苑获奖，固然值得庆贺，然而另一深层意义，则是集团上下一贯主张的理念——"改变自己、改变企业、改变世界"得以彰显，并获得了国际上的认同。

改变企业，改变世界

美国《财富》杂志公布了2016年"50家改变世界的企业"榜单，晶苑集团位列第17位，在所有获奖的亚洲企业中排名第一，也是香港地区唯一上榜的企业。

晶苑获奖，固然值得庆贺，然而另一深层意义，则是集团上下一贯主张的理念——"改变自己、改变企业、改变世界"得以彰显，并获得了国际上的认同。

在《财富》杂志的报道中，对晶苑集团珍惜资源、关爱

第六章 永续:"以客为尊",秉承可持续发展理念

员工的做法均有提及,其中重点提到的事迹包括:2015 年,晶苑制衣过程中,减少消耗 30% 的淡水,减少 6% 的二氧化碳排放;聘请心理辅导专家驻厂,关注员工的心理健康,并通过"个人提升与职业发展计划",培训女性基层员工的管理能力与计算机技能,以备晋升,等等。以上都是晶苑集团不懈推动可持续发展,以及"以人为本""大我为先"精神的具体体现。

策励向前,自强不息

《财富》杂志乃国际性权威管理杂志,晶苑此次获得国际性大奖,并在所有获奖的亚洲企业中排名第一,依靠的是全体员工的共同努力。集团上下,皆感自豪,在此,特别感谢家人、员工、客户、供货商及所有管理团队一直以来的支持与鼓励。

虽然取得佳绩,我却不敢自满,更需反躬自省,做出更大的努力。晶苑未来仍将致力于可持续发展,众志成城,自强不息,在迈向世界第一之制衣企业的道路上不断前行。

让夕阳变骄阳

> 但愿晶苑能凭借可持续发展成为世界第一之制衣企业,吸引更多新一代年轻人入行,将制衣行业由人称之"夕阳行业"发展成香港工业之"骄阳"——夕阳变骄阳!

持续发展,吸引人才

自我年幼从事制衣开始,即深有体会,欲改善生活,先反求诸己。多年以来,我一直努力工作、奋斗不懈,冀望可自力更生、脱贫济世,于是衍生对制衣之情结。

制衣企业所聘人数众多,能促进就业率。工人若能勤奋,即有自力更生之机。如能建设大厂、聘用更多工人,使之安居乐业,更可促进社会转变。

晶苑集团的愿景为迈向世界第一之制衣企业,于可持续

第六章　永续："以客为尊"，秉承可持续发展理念

发展理念支持下，正在逐步实现。

因秉持"大我为先"理念，提供良心产品，正好顺应世界趋势，配合各大时装品牌重视可持续发展之市场力量，晶苑遂能帮助客户维护竞争优势，并赢得客户信任，成为共同发展之战略伙伴，为消费者提供安全、放心、物有所值之时装产品。

但愿晶苑能凭借可持续发展成为世界第一之制衣企业，吸引更多新一代年轻人入行，将制衣行业由人称之"夕阳行业"发展成香港工业之"骄阳"——夕阳变骄阳！

第七章 传承：

"以贤为继"，开启永续经营

一、企业传承，选贤与能

二、培养接班人梯队

三、高瞻远瞩，永续经营

大我為先

一、企业传承，选贤与能

传承之道：力避家人与公司捆绑

> 长子继承全盘生意，背负家庭期望，如非其本愿，或不备其才，极易滋生矛盾，亦不公道。万一生意不景，家道中落，其所承担压力只会与日俱增，传承恐变"存亡"之窘。

后人争产，守业更难

名门望族后人争产，时有所闻。家庭成员法庭相见，官司不论胜负，各方早成输家。大好家业，分道扬镳；血浓于水，却视如陌路，甚至老死不相往来，令人惋惜感叹。

常言道："富不过三代。"先人创业，本意为求后代富足，生活无忧。若后人争产，虽说家财仍在子孙手中，然家族从此失和，绝非白手创业起家、冀望子孙发扬光大者所乐见。

有云"创业难,守业更难",如何将成功企业世代相传,团结后代子孙,成就百年基业,向来为中资企业之最大挑战。

家族生意,未必传子

华人社会,向来以血缘凝聚,多凭关系经营。传统思维,无后为大、重男轻女,故中资机构多有"传子为先"之念。

对此想法,我不敢苟同。我深感规定由家族中人传承企业,对下一代可能并非美事。

长子继承全盘生意,背负家庭期望,如非其本愿,或不备其才,极易滋生矛盾,亦不公道。万一生意不景,家道中落,其所承担压力只会与日俱增,传承恐变"存亡"之窘。

因此,家族生意并非必须由下一代管理。

企业传承,在于能力

我认为家庭成员当以和为贵。家族传承,其要在于和谐;企业传承,其要在于能力。

公司拥有权与管理权,实可完全分割。要建百年家族基业,掌舵者不必一定为后代子孙。家族成员成为企业股东,企业可外聘专才经营。家庭和谐幸福,远比掌控企业,更为重要;更不应因财失义,由亲变仇,致家不成家。

企业如要永续经营,就不应将家人与公司捆绑,而家族传承及企业传承,亦务必妥善安排,早作绸缪。

第七章　传承："以贤为继"，开启永续经营

薪火相传：挑选合适的接班人

> 如遇下一代本身具能力、有理想，愿传承企业，品格又合适者，就应长期用心栽培，视其发展进度，断定能否接任。

贤者接棒，用心栽培

晶苑以制衣为业，与置业收租或理财增值者不同，须实干经营，成功有赖勤奋。展望未来，制衣业市场竞争激烈，优胜劣汰，适者生存。相信未来，不同种类服装制造商最终只余数家，届时，每家幸存者均应为环球生产商，规模将更加庞大。

晶苑冀望能位列其中，故择人接棒务必谨慎而行。以有德具才、勤奋实干、能统领全局，不断创新，认同"大我为先，以人为本"文化并身体力行者方为佳选。

虽说传承非必因循血缘,然举贤不避亲,家族中若有合适人选,更属美事。故此,如遇下一代本身具能力、有理想,愿传承企业,品格又合适者,就应长期用心栽培,视其发展进度,断定能否接任。

领导特质,品德为先

担任大型企业领导者,首先必具将才。下一代企业接班人,绝不可毫无行业知识,但也无须事事通晓。

领导及管理能力,均可依靠后天培养。身居其位,要知人善任,以德服人,更要聘用良才辅弼,协助企业经营发展。

身为最高领导,带领公司发展,有责任照顾同人福祉,其政策必须方向清晰,处事情理兼顾,为人循规蹈矩,才能获得团队、商业伙伴及客户尊重。

我对晶苑接班人之要求,先决条件为品格高尚,待人处事奉"大我为先"为圭臬,秉持"改变自己、改变企业、改变世界"之理想,并具有远见及领袖魅力。

用软实力,培养魅力

培养下一代接班人,重点不在于行业知识,更看重良好品格、思维、远见、待人处世等软实力。尤须学会做人,对财富建立正确观念,培养对家庭、企业及世界之使命感,以及对未来发展之远见。如此,方能真正发挥领袖魅力。

第七章 传承:"以贤为继",开启永续经营

　　如家族中无一人可达要求,我认为不如另聘专业人才经营企业,对个人、家庭及公司而言,均属较佳选择。

　　时至今日,担任股东者,亦应知进知退,绝不宜于背后指点江山、左右运作,否则影响员工士气及企业发展,最终损害自己及家族的利益。

继承人选：及早建立接班梯队

> 公司上下，对罗正亮掌舵，待其65岁退休交棒罗正豪的安排，已有共识，各分公司管理层也大力支持。此举能避免公司因前景不明而招致混乱，对整个集团均有好处。

幸有贤才，顺利接班

晶苑与我，可谓万分幸运，因传承企业之理想人选，就在子女当中。

可能有人认为，于家族内敲定人选，晶苑与其他家族企业实无二致。然而，无论是罗太太，还是我，均无必须由家族中人继承公司之执念，一切皆运气使然。

长子罗正亮有能力及兴趣继承企业，于2008年正式接任集团行政总裁。此后，他一直表现优秀，确为接班不二之选。

第七章 传承:"以贤为继",开启永续经营

现时晶苑高层管理者,大部分与罗正亮同辈,年龄相近。换言之,他们亦将于相若时期,约15年后退休,故难以在其中寻求理想之第三代接班人。罗正亮于企业传承方面青出于蓝,较我更深思熟虑。他现已开始培养第三代领导人,于15年后接班。

储备人才,继续向前

第三代理想接班人选,乃是四子罗正豪。罗正亮与罗正豪年龄相差13岁。2015年,罗正亮就已与38岁的罗正豪达成共识:15年后当罗正亮65岁退休时,罗正豪即能接棒。幸而罗正豪有兴趣,亦有能力担当重任,接班年龄非常适合,可谓天遂人愿。

公司上下,对罗正亮掌舵,待其65岁退休交棒罗正豪的安排,已有共识,各分公司管理层也大力支持。此举能避免公司因前景不明而招致混乱,对整个集团均有好处。

审视晶苑管理梯队,即发现中高层管理人员日后亦将陆续退休。故企业传承,不仅需选一合适掌舵人接棒,并须考虑培养整个中高层管理团队。晶苑现已开始由大学招聘并储备人才,以满足接班及传承需要。对中层管理人员,则加强领导及管理能力培训,务必使罗正豪接班时备有足够人才辅弼,以助晶苑继续向前发展。

伙伴认同,赐予祝福

优衣库创办人柳井正先生,为亚洲零售业最成功的企业家之一,更曾晋身日本首富,一直为本人挚友、重要客户及商业伙伴。当柳井正先生知悉晶苑已妥善安排接班梯队,感到非常欣慰与羡慕,并赐予诚挚祝福。

第七章 传承:"以贤为继",开启永续经营

二、培养接班人梯队

参与态度:鼓励但不强迫

> 罗太太常对罗正亮解释:"你对家庭有多少贡献,将来你就会有多少收获。"话虽如此,罗太太却始终任罗正亮自由选择。

四名子女,各司各职

我育有三子一女,除长子罗正亮及四子罗正豪同在晶苑制衣集团工作外,尚有三子罗正达(Nick)管理地产部,女儿罗韵菁(Amy)在多伦多管理投资物业。由于大家并无从属关系,可以避免在管理上有不同的意见。

罗正亮做到了长兄关怀弟弟妹妹之角色,而弟弟妹妹也很敬重这个大哥,他们兄爱弟恭、相处融洽。除了在中小学有过些许吵闹,他们大学毕业后竟从无争论,一家和睦,其乐融融。而罗正亮与罗正豪同在制衣集团工作,也是兄弟二

人商量的结果,这一切让我和罗太太都十分欣慰。

父不强迫,母作鼓励

与其他家族不同,我从没有安排长子管理整个罗氏企业,对子女是否回晶苑工作亦不作要求。此举避免增加他们选择职业的压力,也防止工作上各持己见而导致不和,导致未来争产。

罗太太一直希望长子罗正亮能进晶苑工作,从小已有心栽培,故由小学至中学时期,均安排他于暑假期间在公司工作,多接触与了解晶苑运作。罗正亮因而曾向罗太太抱怨:"妈妈,我是没有暑假的!"罗太太常对他解释:"你对家庭有多少贡献,将来你就会有多少收获。"话虽如此,但罗太太却始终任正亮自由选择。

罗太太的想法,与我实无二致,企业须传承予德才兼备者,不能只因罗正亮身为长子即指定他必须继承公司。假使他未备其才,绝不强迫接班,只会鼓励他努力学习,培养兴趣。

罗正亮暑期到工厂打工时,罗太太与我,都从不向同事明言其身份。记得他曾于包装部工作,也曾遭人欺压,被喝令搬运沉重货箱,他却一声不吭,照旧工作,亦从未向我二人投诉。

他远赴加拿大修读经济学和商科。毕业后,他一度考虑在零售业发展,我遂安排他去朋友的海外公司实习,体验零售工作。最后,他认为于己不合,决定回港加入晶苑,自此一直工作至今。

第七章 传承:"以贤为继",开启永续经营

阅读链接 >>>

梦想研制火箭的工业家

——罗正亮谈加入晶苑后的心路历程

我小时候的理想,是做一个科学家,研究汽车、飞机和火箭之类。

爸爸从来没有强迫我一定要回晶苑工作,甚至日常谈话中,都没有提及。他的态度是任由大家选择,认为要看个人兴趣,是否回家工作,都不太重要。如果大家都决定不回来的话,他会聘请职业经理人管理,反而是妈妈很鼓励我回来。

当年我的理科成绩不错,去加拿大多伦多大学留学,曾经想修读工程专业,做科学家实现理想。当时,妈妈并不赞成,结果我听取了她的意见,选读经济学和商科。

我始终喜欢数学多一点,对商科兴趣不大,所以常觉得课程沉闷,也不知所学有何用途。时至今日,我才知道当年觉得很沉闷的学问,其实非常实用。

到大学毕业时,我已经放弃了当科学家的想法,因为明白到即使可以研发火箭,都只能负责一个极微小的部分;纵能加入大企业工作,也只会是开发团队的一分子,不易独当一面。

● 参加实习,自知不足

毕业后,我曾尝试做服装零售或生产,想着凭借晶苑

的网络和人脉，应能享有一定的优势。如果贸然进入一个不熟悉的行业，没有根基也没有人脉，成功的机会就相对较小。

爸爸也很开明，通过他的关系，安排我到从事零售的朋友处实习。虽然我实战经验有限，却发现自己刚完成学业，想担当管理人，根本未准备好，难以如史蒂夫·乔布斯（Steve Jobs）般归零创业。体验到自己的弱项后，我决定向爸爸说，想回晶苑工作，认真学习以增强实力。

我起初在晶苑工作，也相当辛苦。曾经有一段时间，我干得并不开心，甚至想过放弃。但回心一想，这是我自己选择的道路，不是爸爸强迫我回来的，我必须坚持下去，不应放弃。就这样，我努力渡过了难关。

爸爸从没有要求子女回晶苑工作，就算我身为长子，也从没承诺能在晶苑被委以重任。我明白爸爸的想法，这纯粹是一位无私的管理人处理企业传承应有的态度。从我的角度而言，我认为他表现得相当出色。

第七章 传承:"以贤为继",开启永续经营

家庭会议:奠定传承的规则

> 除有志于为公司服务的子女外,其伴侣或任何亲属,一概不能加入晶苑工作。此举既可杜绝公司内部亲属各据山头、衍生党派,又能作好榜样。个人无论身份、地位如何,都须凭借表现方能身登高位,这令公司管理更见公平。

家庭决议,选贤择能

我认为家族传承,最重要的是传递正确的价值观,教育后代待人处世的智慧。对我们家庭而言,传承从不是敏感话题。如何传承、何时传承和传承给谁,早有共识。

当年,我冀望能将自己对传承之观点清晰告知子女,遂召开一次家庭会议。会上,我明言企业传承应选贤择能,领导之位由有能力者担任,并就亲属加入公司之想法,取得家

人共识。除有志于为公司服务的子女外,其伴侣或任何亲属,一概不能加入晶苑工作。此举既可杜绝公司内部亲属各据山头、衍生党派,又能作好榜样。个人无论身份、地位如何,都须凭借表现方能身登高位,这令公司管理更见公平。

统一思想,和谐为上

我早与太太及子女统一思想:合则来,不合则去。目前,我无意于晶苑董事会架构以外设立家族办公室管理家族生意,仅成立一家族委员会,用以发展家族本身价值观及智慧传承。

如后代有意愿兼有能力者,欢迎加入公司工作。若无志于此,则可只任股东,甚至另谋发展,公司可另聘专人管理。为免争权夺利,破坏家族和谐,甚至可将公司直接售予他人,亦在所不惜。因为绝不值得为身外之物令家人矛盾横生、反目成仇。

传承梯队,虽已有计划,然未来变化实难预料,罗正豪以后是否仍能由孙辈传承,目前言之尚早,要取决于罗正亮及罗正豪之观点与决定。

子女亲历白手兴家过程,尚能忆苦思甜、实干奋斗。孙辈年纪尚轻,未尝创业艰难,须由第二代夫妻合力悉心培育,加上学习我辈智慧,方成大器。

第七章 传承:"以贤为继",开启永续经营

阅读链接 >>>

长子非钦点,继承非必然
——罗正亮谈家庭会议后的感受

在我决定加入晶苑工作后,已一心想成为爸爸的接班人。工作了五六年后,更对接班有了心理准备。谁料爸爸却在其时,召开了一次相当震撼的家庭会议,当时的情形至今我仍历历在目。

有一天,他集合了所有家庭成员开会,说想为家族订立一些规矩,不过并非正式写下的家规,而是希望我们兄弟姊妹要对企业传承有一共识。

他当时明言,谁能坐公司最高领导者的位置,并非取决他是否姓罗,而是有能力者居之。当时,我正和一群年龄差不多的同事,一起在公司力争上游,表现还有点儿落于人后……

他对我说:"正亮,如果公司内有一位同事,各方面能力都比你优胜的话,你是否能接受自己退出公司,只做一个股东?或者能否以股东身份,协助一位非股东的领导做副手,甚至第三把手?你可有这个胸襟和量度?"

● **反省自身,查找不足**

当时家中,并无其他弟弟妹妹表明想回公司工作,如果当初我加入公司时,他就对我明言,相信我不会感到如此震撼。但当工作五六年后,爸爸才向大家宣布,我内心

亦有点儿不悦。于是，我心想：难道爸爸暗示我有不足之处，不能放心交棒？

起初，我的确有点儿想不通，心有戚戚数日之久。还好，我思想比较正面积极，最后还是想通了，爸爸的观点其实是公平和公正的。

如果自己真有不足之处，就应该加倍努力。身为老板长子，本身已享有不少特权和优势，如果有同事的能力比我只高出少许，相信无阻我登上最高领导之位。但如果他比我优秀数倍的话，退位让贤亦很应该，如此才合乎逻辑，并能照顾股东利益。

对我而言，退位让贤虽有所失落，但对企业来说，选贤能者委以重任，却是最恰当的安排，为"大我"设想，就应该接受。

自此，我给自己压力，又给自己动力，我要百尺竿头更进一步，做好自己。现在回看此亦非坏事，因为对自己有要求，人才会不断提升进步。这次家庭会议，更助我培养出危机感，明白了成功非必然，对此后日常工作很有积极作用。

第七章 传承:"以贤为继",开启永续经营

发展之路:不懈努力,目光长远

> 罗正亮指出,对公司发展应具有长远目光。明天计划能否达成,虽未敢肯定,但对两年后须达成之目标,却大致有把握;五年内须达成者,应有九成把握;而十年目标,相信定能完全达到。

汲取教训,不断进步

长子罗正亮加入晶苑,至今已近30年。

生意及管理技巧,我能真正传授予他的其实不多,因为我本身也是不断由错误中学习的。更准确而言,我们父子二人其实都靠汲取经验,不断尝试而进步。

上个世纪八九十年代,公司所制定之业务目标,例如盈利、增长、管理等,均偏低,达标容易,遂成错觉,以为公

司需要改进之处不多。

罗正亮学有所成,执行能力较我为高。他初入公司时,已对晶苑业务仔细研究分析,帮助我制定管理目标及发展策略。我们渐觉公司管理问题丛生,而且繁多琐碎,却苦无改善良策,更难以按部就班,设计改良方案。

当时,大家依据西方管理理论,参考成功运营案例,摸着石头过河,设法改善管理,并定期检讨成败,吸取教训,予以改进。日子有功,锲而不舍之下,亦能摸索到不少管理技巧。

包容成长,渐有所成

经一事,长一智,罗正亮加入晶苑十多年间,进步明显。

在他的成长过程中,我尽量以包容态度引导。若有一事,我认为对,他却不认同,我会容忍待之,甚至他轻微犯错我亦不气愤。我只需最终印证我所提出方法正确,他就自能醒悟。任他先行自闯,有助建立领导所需自信与胆识。

罗正亮精于科学化管理,习惯于执行前先分析公司各项优势及弱点,并通过调查,与市场中其他竞争对手比较,找准企业自身的市场位置、与龙头公司差距等,然后以目标为本,制定拉近甚至填补彼此距离之战略,提升公司竞争力。

公司发展步入轨道后,所定业务目标渐趋实际可行,更为长远地推出五年及十年计划,接着晶苑又配合应用平衡计

第七章 传承:"以贤为继",开启永续经营

分卡等工具,成功地由家庭式经营转型为现代化管理。

罗正亮指出,对公司发展应具有长远目光。明天计划能否达成,虽未敢肯定,但对两年后须达成目标,却大致有把握;五年内须达成者,应有九成把握;而十年目标,相信定能完全达到。

有此精细计算,晶苑迈向世界第一之制衣企业,永续经营,均非空想。

阅读链接 >>>

师承家父,身体力行
——罗正亮谈父亲的言传身教

爸爸自小言传身教,令我明白不少待人处世的智慧,可说是终身受用。以下为其中四大要点:

其一,不怕吃亏。有时即使你没有吃亏,也没有占人便宜,但由于大家的观点与角度不同,对方可能会认定你已经占了他的便宜;甚至当你吃了亏,别人还会以为你已占尽便宜。虽然如此,但若做人太过算计,特别是在人事方面,无时无刻锱铢必较的话,只会被朋友抛弃,每天都活得不开心。

其二,做人要彰显适当形象。晶苑为制衣实业,企业领导者,不应予人玩世不恭、花花公子的形象,反须谨言慎行,某些场所不宜前往,某些锋头可免则免,以免影响个人形象,甚至引起客户怀疑你做事的认真程度。

其三,重承诺。言出必行,持之以恒,能彰显个人诚信。如领导者经常夸夸其谈,却只说不做,久而久之,将失下属信任,令其阳奉阴违。因为公司政策朝令夕改,管理遂欠效率。故此,如欲上行下效,就必须言行一致,贯彻始终。

其四,充分授权。由于晶苑推行个人责任制,管理层都能充分授权,同事可自主工作。对于授权,我深具信心。因为工作目标,通常在事前已与同事共同制定,公司亦拥有良好的管理及抽检制度,加上团队内忠诚老练者众,所托之事终必妥当达成,无须处处设限,破坏彼此互信。

第七章　传承："以贤为继"，开启永续经营

隔代传承：第 2.5 代接班人

> 如何选择下一任继承者乃罗正亮任内之责。

交棒四弟，2.5 代传承

交棒予罗正亮后，我功成身退，与罗太太只分别保留公司董事会主席及副主席一职，并未参与公司决策。而如何选择下一任继承者乃罗正亮任内之责。

罗正亮所心仪者，乃其四弟罗正豪。罗正豪常笑言，他非晶苑第三代接班人，论资排辈，仅属 2.5 代。而家族真正的第三代，尚在中小学校学习阶段。

罗太太认为，罗正亮与罗正豪出生背景不同，虽均赴加拿大求学，同属多伦多大学经济学和商科毕业生，然罗正亮曾亲睹晶苑创业，明白艰难所在；罗正豪出生时，晶苑业务已上轨道，虽不能说口含银匙出生，但家境尚算富足，因而

大我为先

未经逆境考验。所幸罗正豪现正随企业内一强者工作，名为副手，实则亦师亦友。他亦能尊师重道，勤奋工作，用心学习，相信定能提升领导才能。

兄弟俩手足情深，感情融洽，现在罗正豪主要长驻内地工厂，如非要事只于周末返港。他毕业后，先加入花旗银行工作，后来才回归晶苑。虽然生于富裕环境，他却肯为家庭放弃银行高职，并甘愿长驻小镇厂房，忍受物质生活条件相对较低之苦，更与太太达成协议，在内地工作期间，太太及子女与我们夫妻同住。

其实，两位罗太太均不赞成他长驻内地，然罗正豪认定，中国为未来前途所在，他希望积累生产及管理经验，其懂得为未来设想，大我为先之牺牲态度，令人欣赏。此举亦令我对罗正亮能于15年后顺利交棒予罗正豪，由第2.5代传承企业，更具信心。

第七章 传承:"以贤为继",开启永续经营

阅读链接 >>>

第2.5代传承人
——罗正豪谈自己的心路历程

我是家中老么,性格向来低调。我自小与爸妈同住,兄姊早于中学时已去海外求学,大哥最早回港,与我共处时间最长,对我照顾有加。他之于我,一半像哥哥,一半像父亲,所以我们感情最为深厚。

小时候,我常随爸妈回厂,他们工作,我就自寻乐子,所以自幼即熟悉工厂环境。后来,我去加拿大读书,大学主修经济学和商科,因想学以致用,体验一下不同行业,毕业后并未即时回晶苑工作,而是加入花旗银行当见习管理人员。

当时,在公司部工作,晶苑也是花旗客户,不过我早已向上申报,不跟进晶苑事务。银行内常接触不同企业的老板或财务总监,当中不少人习惯颐指气使、架子十足,待银行职员如奴如婢,可以说我阅尽人生百态。

银行有同事告诉我,晶苑老板没什么架子。我本来没特别留意,但从别人口中听见,想想也真是。爸妈不但没架子,还很尊重合作伙伴,例如他们不懂打球,却每年都亲自参加银行与纺织业联会合办的高尔夫球同乐日,只为尊重主办单位,就给我很深刻的印象。

- 外闯五年,回归晶苑

在花旗银行工作五年,我希望转换一下工作环境。当

时我曾面临抉择,到底是应转往其他银行,还是回晶苑工作?

我起初有点担心,晶苑会否像其他中资企业般因循守旧?故我曾与爸爸商量,声明如果工作下来,发觉不合意的话,我会选择离开。当时爸爸并不反对,于是我在2005年加入晶苑,不经不觉间已逾十年。

初进公司时,爸妈和大哥都提了不少建议,却都不约而同地指出,最重要的是学会如何为人。

晶苑的管理风格,虽具传统家族式生意的人性化,不过亦以现代化方式管理。在晶苑,我每日都感到"大我为先、以人为本"的公司文化,四周同事都真心相信这套价值观,而且身体力行。爸妈一如既往,完全没摆老板架子,也不是凡事"向钱看",只要是他们认为正确的事,就会付诸实行。

● **做好自己,基层干起**

在晶苑头半年,我先在内地工厂学习,又回香港做了一年销售员,然后又长驻内地。一切工作都由基层开始,并没有因为我是老板的儿子,而有什么特别优待,此举反而是件好事。

其实,妈妈亦曾对我说过:"你是老板的儿子,是不可隐瞒的事实,但你要记着:如何令人不只当你是罗先生和罗太太的儿子,更是正豪你自己!"这句话常在我脑际萦绕,引以为鉴。

起初不习惯工厂环境,又要从基层职务做起,我有点儿适应不来,但却从没想过离开,因为一来答应了爸爸要

第七章 传承："以贤为继"，开启永续经营

在晶苑工作起码五年，不能轻易就打退堂鼓；再者，要走也没有特别的去处，于是唯有继续奋斗。几年干下来，习惯了，我不但不觉得辛苦，反而受企业文化感染，也开始感到自己是晶苑一分子，因此觉得自豪。

● **雄心始启，当仁不让**

2008年，爸爸退休，由大哥接任集团行政总裁。当时我眼见不少同事的职位都开始向上移动，也真有更上一层楼的念头。记得有一天，大哥找我，对我说希望我能成为他的接班人。我决定回晶苑时，也有点儿心理准备要继承父业，因为晶苑给我的发展机会在外面绝难拥有，而爸爸和大哥亦有面对企业传承的需要。

在深思熟虑后，我决定当仁不让，承担起传承家族生意的重任。

虽然在年龄上，我顺理成章可接哥哥的棒，然而，我们彼此间早有共识，就是升职与否，还要看业绩表现。

我相信作为家族成员，一定会比外聘者有优势，机会也会更多。但如果真的不能胜任的话，爸爸和大哥亦绝不会因为我姓罗，就勉强让我登上高位。届时，我要有甘居次席、辅弼他人的心理准备。

● **龙舟比赛，顿悟领导之道**

记得有一年，我代表花旗银行参加龙舟比赛。在训练过程中，我曾坐过龙舟的不同位置。第一次参加时，我坐在中间，只需跟随队友节奏划行即可。翌年，我坐在第二排，也未感觉有何特别。

大我为先

到第三年时，我坐在第一排上，便发现感觉完全不同。原来后面全体队友都会跟随我的节奏行动。如果我落桨欠佳，后面所有队员落桨都会随我一起错误。首排和次排的感觉，原来相差很远，压力也大得多。这种对领导之道的体会，令我有点儿惶惶然，但也给我带来一种原动力，促使我培养好自己的心理素质，作好走到阵前领军的准备。

- **喜遇恩师，学领导之才**

无论爸爸或大哥，都没有特别教导我管理学和领导力，主要是由现任上司黄星华领我前行。

黄星华在公司工作多年，由基层做起，一直凭个人实力打天下，现已是晶苑一家分公司的总裁，近年更获邀成为执行董事。他是一位强势领导，要求高、目标远、韧力强，不过却是讲道理的良师。

他对我既有鞭策，也有鼓励。每年他给我定出的业务目标都非常高，因此我工作上压力不轻，但这反能激发我力争上游，想具备赢得生意的实力。我始终对能否胜任最高领导有点儿担心，但又不想居于次席。因此，我一直希望能掌握更多领导所需的软实力，如领导才能、心理素质、领导魅力等。

黄星华本身就是一位强势的领导者，其言传身教，令我获益良多。例如，他知道我性格比较低调，就故意派我训斥犯错的同事。当时，我经历了激烈的内心挣扎，思量如何开口，最后还是鼓起勇气去做。今时今日，能比当日坚强，不再怕事，正是他训练有素的结果。

第七章 传承:"以贤为继",开启永续经营

他也经常鼓励我,由优良变成卓越,差别在于是否懂得打逆境球。打顺境球人人皆可。处身逆境,就要靠自身韧力,要靠那股打不死的精神,也就是心理素质要高。企业如面对逆境,作为领袖,不仅自己要奋勇前行,还要带领团队走出窘局,这本身就要我有克胜困难的毅力和勇气。

要成为领袖,还有很长一段路要走,但我会不断学习和进步,力求能于大哥退休之时,胜任最高领导的位置。

三、高瞻远瞩,永续经营

环球运作:分公司传承重本土化

> 当本地员工目睹公司大力提拔内部同事,而非由香港空降领导时,工作则更见干劲。因悉机会均等,遂更士气高昂,力争上游。

企业人才,本土培养

晶苑的业务遍布多个国家和地区,对各分公司领导而言,如何传承,亦为一大挑战。

分公司传承,策略上应尽量培育本土人才。

晶苑早在上个世纪70年代,已往多个国家和地区设厂,总结多年经验,管理应尽量本土化,而非由总部派出大量员工。通常派驻当地者,仅为少数管理骨干及技术专家。

以晶苑越南工厂为例,2014年营业额逾20亿港元,聘

第七章　传承："以贤为继"，开启永续经营

用过万工人，却只派驻十位香港员工，其中主要为技术专家，管理人员仅两三位。企业日常运作及管理，均尽量聘用当地专才，中层管理者则从内部选拔擢升。

近年，越南工厂始推生产储备生计划，聘用当地大学毕业生进行培训。当中表现杰出者更已升任副总经理，为管理本土化树立典范。孟加拉工厂更已成百分之百本土化企业，并无香港员工派驻，连厂长亦为本地人。

制衣业一向青黄不接，管理人才短缺，故推本土化，能有助解决问题。我相信只要能在当地积极推行"大我为先、以人为本"的企业文化，就算管理阶层完全委以当地人，亦能培养出晶苑人特质，打造出一支上下一心的团队。

当本地员工目睹公司大力提拔内部同事，而非由香港空降领导时，工作则更见干劲。因悉机会均等，遂更士气高昂，力争上游。以当地人才组成的企业管理层，在适当培训下，其管理水平绝不逊于香港人才。

退休角色:充当危机守门员

> 我常明言,不在其位,不谋其政。对企业运营,我只会从旁献策,不作任何决定。

提醒众人,角色改变

从2008年,我退下集团行政总裁位置,至今已8年。目前,我只任公司董事会主席,极少参与晶苑日常业务。为免于董事会内成为一言堂,我亦尽量减少发言,以免影响大家做决定。

罗正亮每遇大事,均先知会商议,参考我的意见,但我绝不替其决策。我常明言,不在其位,不谋其政。对企业运营,我只会从旁献策,不作任何决定。既退其位,就应放手,公司一切管理概由接班者负责。

因此,我常提醒同事,我仅顾问一名,以免众人认定我是"太上皇",听我所言才能一锤定音,不再向罗正亮或自

第七章 传承："以贤为继"，开启永续经营

己的直属上司请示。对企业传承而言，前任领导退而不休，绝非好事。

高瞻远瞩，启示危机

晶苑创立已 46 年，我中间历练不少，故能培养出敏锐的危机感。现在，我除为罗正亮出谋献计外，还担任危机预警角色，于危机未发生前，预先提醒罗正亮及管理层注意提防。

近年来，世界政治、经济、社会局势瞬息万变，加上信息传播迅速，对人为错误、管理不善所生人祸，甚至天灾影响等，均须小心提防，更不能重蹈他人覆辙。因此，现任管理层更需善用我辈之经验、视野、对危机之敏感度，审时度势，使公司防患于未然。

罗太太与我共同进退。原本她负责公司运营实务，包括行政、人事、财务、系统监控等，初时这些工作由罗正亮兼任，从 2014 年起，则由外聘集团首席财务总监负责。

名义上罗太太与我一同退下，实际她却仍未能全身而退，目前她正为集团首席财务总监护航，以助新上任者适应角色，当其全面接手工作时方能真正离开岗位。

罗太太与我均已于 2015 年后全面退休，专心从事慈善工作。而晶苑则在第 2 代、第 2.5 代管理下励精图治，永续经营，迈向世界第一。

附录1：商业伙伴论晶苑

德永佳集团有限公司董事长潘彬泽先生

我们和晶苑合作了很多年，主要是为他们供应布料和棉纱。

我很欣赏罗先生为人处世的态度。他对家庭、朋友和合作伙伴非常真诚，用心和人合作，事事清清楚楚，不会弄虚作假。而且，他做事认真、执着，能吸取别人长处，为晶苑建立企业文化，更做出了成绩，真的非常了不起，令人佩服。

晶苑一向寻求双赢，有利可图之余，也希望供应商可以赚钱。合作时如遇上困难，晶苑会协助我们一起解决，而不是一面倒地推卸责任或是责备。这是晶苑一个很强的特征，市场上少有。

制造业中，管理人才和技术人才都有断层，晶苑不停地培训新人作储备，是很有远见的做法，而且他们也做得很认真。

晶苑和德永佳不同，我们走多元化业务路线，他们专注于制衣业。他们的竞争力在于效率，他们的团队能快速应变、准时交货，我到过中山牛仔裤厂参观，发现他们的水平非常之高。

  晶苑对品质的追求，也令人佩服。日本市场的要求一向非常高，如果产品能进入日本市场，其他市场也可驾轻就熟。日本的品牌其实也不易在内地找到高水准的制衣厂，相信与晶苑的合作关系，只会变得愈来愈牢固。

互太纺织控股有限公司主席兼执行董事尹惠来先生

  罗先生很愿意和人分享理念，甚至主动帮助商业伙伴做培训。当年我第一次接触罗先生时，正在另一家公司工作，还接受过他的培训。罗先生当时谈的是第一次就把事情办妥、沟通须快速回应等管理知识，令工科出身的我，受到很深的启发，对我日后的发展非常有用。

  时至今日，我们在生产过程中都坚持一次做妥染色工序，既能节省返工的时间和成本，也能令厂房的产能发挥得更有效率。遇上问题时，我会先了解问题所在，然后想办法解决，时间一久，自然就能提升效率，做到第一次即妥善完成工作。以往我们的返修率达 30% 以上，现在只有百分之一点几。

  创业后，我再遇罗先生，他又派同事义务为我们两次分享"高效能人士的七个习惯"的体验，然后大家就多了业务往来，在孟加拉及越南均有合作项目。

  我们相信，晶苑的确可以迈向世界第一，因为他们的准备工夫做得妥当，而且推行产销合一，令竞争力得以提升。

我们也会尽力配合,希望大家都能共同进步,迈向同一目标。

台湾欣明实业股份有限公司董事长何百欣先生

我和罗先生及晶苑合作了30多年,关系很密切。虽然我已退休,但大家还是很好的朋友。

罗先生的行事作风,真的能影响到整个公司的运作。他做事不缓不急,处处尊重人,事事讲究沟通。有一次,我到晶苑谈生意,发现罗先生实行走动式管理,他会在不影响同事工作的情况下,走进工厂或办公室,找同事谈话。我亲眼目睹很多局级职员,加入晶苑后,慢慢被公司的文化同化,融入团队中去,真的很难得。就算是离开了再回来的同事,也能很快建立团队精神,因此做起事来,就无往而不利。

企业的信念和核心价值观很重要,晶苑就做得很好。现在的两位接班人罗正亮和罗正豪,我认为他们和罗先生观点一致,都很重视团队和企业文化,相信晶苑未来的发展,定可更上一层楼。

香港纺织业联会名誉会长、美罗针织厂(国际)有限公司董事总经理林宣武先生

记得有一次我和罗先生一起去北京,他之前在美国用了不少资源找顾问公司研究美国市场,但却愿意无私地将顾问公司的研究结果和建议,与北京的官员分享。

晶苑在美国的律师团队庞大，当商会想咨询与中美贸易相关的法律问题时，只要一找罗先生，就算明知与生意无关，他也乐于回应，愿意无私地找自己的律师协助，而且从来不需要我们向国家部门透露是他帮的忙。

罗先生每年都会和家人回加拿大，顺便放假休息。据他说，放假期间他绝不理会公司事务，甚至有空也不浏览电子邮件。试想，如果老板可以两三个星期不出现，而公司仍能如常运作，可见管理团队已经非常成熟，人人都可以独当一面地妥善处理公司事务。对中资企业来说，真的很不简单。

晶苑的接班人罗正亮，在罗先生和罗太太的教导下，根基很扎实。不过由于罗正亮实在非常忙碌，以致未能拨太多的时间，为行业商会出力，真是有点儿可惜。

香港制衣业训练局总干事杨国荣教授

制衣业仍然是香港一个很重要的行业，只是生产基地不在香港。当年香港制衣业受配额保护，配额制度取消后，很多公司都未能成功转型，导致发展受到限制。而晶苑正是成功转型的典范，受到业内尊敬。

晶苑的管理完善，不仅体现在日常管理中，在战略上亦很明白要走的路线。罗先生这一点很强，是一位真正的领袖。

除战略外，晶苑还具备完善的执行管理系统，以及高度标准化及透明度的制度规范，使得晶苑在扩张时有很大的优

势。例如开设新工厂时，晶苑只需将原有系统复制到新地方便行；在人力资源充沛的地方扩张，也可解决扩充的限制。

现在，行业已能系统化地培训制衣工人，例如制衣业训练局只需一个星期，就可以令一名新手变成具备适当生产力的制衣工人，所以只需有足够的订单，在系统可复制、工人可培训的情况下，业务扩张便能得心应手。

汇丰银行工商业务主管陈梁才先生

晶苑挑选银行非常严格，但却会和银行建立长远的战略性伙伴关系。汇丰银行从 1976 年左右开始，与晶苑一直合作至今天。令我印象深刻的是他们非常注重诚信，言出必行，说了的话就一定会做到。

银行在考虑融资时，会衡量客户的运营风险、市场风险和财务风险，还要考虑他们的业务前景。对于晶苑，我们认同其信誉昭著。由当年在毛里求斯建立海外厂房、2004 年收购英国的马田国际控股，到近年在越南投资设厂，我们都有支持。在英国的收购，我们更启动国际网络为他们在当地融资。

晶苑给我们的印象，是他们具备市场地位，也注重品质，因此吸引了众多名牌客户，而且生产量很大。他们一直坚持踏实作风，目标非常清晰，而且专注本业，不会突然投资在非核心业务上。他们真正有需要才会要求融资，没有需要的话，有额度也不会随便使用。

平时，罗先生很乐意与别人分享他的理念、哲学、待人处世的态度、对同事的观点等，因此我们对晶苑的文化相当了解，而他们的数据化管理、十年计划等，我们都由衷欣赏。

最令银行放心和他们合作的地方，是他们的接班安排。经过长时间的策划和铺排，晶苑的交棒变得非常顺畅。罗正亮和罗乐风先生的思路相当一致，能准确把握业务的发展方向，管理策略有延续性，理财同以稳健为原则，令汇丰放心地继续支持晶苑的发展。

由于商业伙伴众多，未能尽录。

附录2：晶苑人谈晶苑

东莞T恤厂女工友们

晶苑的工厂在管理上，例如流程的管理上都比较专业，其他工厂就乱七八糟。这里的福利不错，工作量充足，而且讲求效率。只要我们肯用心工作，保持效率，收入都很稳定，很多外地来的车间同事，都能工作十年以上。而且这里的上司人都很好，有什么事都可以直接和他们说，没有距离感。

越南G8/G11项目部分当地员工

G8/G11[1]项目指越南T恤及毛衫厂本土化人才发展计划，目的是培育及发展当地人才成为未来管理层的接班人。参G8/G11项目的员工在三至五年培训完成后，有机会升职至助理经理的位置。

◆ 当我加入晶苑后，遇上了很多有才干的人，可以学到很多新东西。差不多整个公司的人，都受到晶苑的文化熏陶，大家做事和说话都同一口径，我们经常说晶苑是我

---

[1] G8/G11是两种不同的人才发展计划，G8是未来当地领导层的培训计划，G11是中层管理人员的培训发展计划。

们的第二个家,大家紧密合作,一同学习和进步。
◆ 我对晶苑印象最深刻的,是培育人才的文化。我曾经在一家韩国公司工作,他们不会培育任何人。在晶苑就不一样,我可以一面工作,一面发展自己的潜能,而且上司都很专业,培育我们时也很用心。
◆ 在晶苑工作真的很不同,我现在有权在工作范围内作决定,不过也要承担责任。这里有真正的团队合作,起初要和人分工合作,的确会有点儿复杂,但当大家有了默契以后,工作就变得很畅顺了。
◆ 晶苑的文化不是秘密,我们是用解释、认同,而不是以强迫的方法,要求员工执行公司政策。当有新人加入时,晶苑的工作方式和他之前的可能大不相同,我们就会好好地照顾和教育他。因为我们做每件产品都有系统,而早在他们见工时,就已经接触我们的系统了,进来后经过培训,就更易适应,因此大家都可以按照工序做好工作。
◆ 我经常听到罗先生和罗太太对同事们说"多谢!",逐一和我们握手,然后很诚恳地交谈,令我觉得很受鼓舞。

雷春(中山牛仔裤厂宣传部经理)

我觉得晶苑是一个让你的价值能够得到体现的地方。这

里有包容的胸怀,如果你有能力,就能让你有发挥的空间,这点是很多企业做不到的。

譬如说像我们做文化工作的,公司会给我们一个很宽松的环境,像我们的报纸杂志,管理层只给了我们一个宗旨,就是向员工传达正能量。这是一个方向,我们只要把握这个方向,内容都由我们设定,公司不会给我们设定条条框框。

庞永贵(东莞T恤厂生产部助理总经理)

我在1997年加入晶苑,由组长做起,已工作了十多年。我对晶苑的感觉,最深刻的是"以人为本",晶苑对待员工收入问题上很公平公正。

罗先生也常亲自来讲解"以人为本"的理念,他认为员工是财富,而非赚钱的工具。记得第一次到罗先生香港的家中,他知道我是第一次去,就亲自带我参观,并跟我谈了近两个小时。他真的和其他老板很不同。

我们的"以人为本",是有实际行动的,而不只是一个口号。很多公司都说关爱员工,但我们很早便有实际行动,例如成立了关爱中心,专门替女工友做心理辅导,给同事倾诉的机会。

黄绮丽(T恤及毛衫部采购助理总经理)

我身体有点儿毛病,有时不能坐飞机,但因为我做销售工作，要经常会见客人，就显得很不方便。我曾经与不少上司合作，他们都很体谅我的需要，有时见到我不舒服，甚至会代替我坐飞机去见客人。有一次，罗先生和我说话，还问候我的身体情况。其实以晶苑这样的规模，公司根本不需要理会这些小事，但上司和我们整个团队都互相关怀，所以我在晶苑一直工作得很愉快。

张荣华（Johnny Cheung，越南内衣厂总经理）

晶苑对人的关怀，最令我印象深刻，甚至连老板亦肯亲自去推动。罗先生用心关爱员工，这样的例子实在很多，有时会在一些不经意的情况下流露出来。例如罗先生和罗太太会亲自和同事一起参与志愿者服务，工作很认真，而不是装模作样的。晶苑对人的重视，是以人为核心的，而且不是光说，而是很用心地去做。

李玉心（Ada Li，牛仔部销售及运营副总裁）

我在1984年左右加入晶苑，现在和以前有很大的分别。当年是罗先生、罗太太说了算，大家有新的想法，也未必敢提出来。后来开始推行公司文化，罗先生用的策略是先培训部门的主管，让大家先接受了，再由主管一级一级向下推。同时，他又身体力行地去推动，所以成功地建立起大家都能认同的企业文化，实在难能可贵。

记得有一年,我刚刚升职为经理,毛里求斯工厂生产的一批短裤被客户投诉。因为当年的品质标准尚未建立,所以我需要在美国境内四处飞来飞去地验货。当时,我只是告诉了罗先生一声,罗先生就让我去负责,四处飞的机票也是由公司承担的,罗先生并不特别过问。他对我的信任,我现在还记得很清楚。

林宝(Anthony Lam,T恤及毛衫部财务副总裁)

遇到问题时,公司不会先找人背黑锅,管理层也不会大发雷霆。相关部门通常会先承担责任并道歉,然后一起想办法解决问题。因为我们勇于面对自己的问题,而不是先找出别人的错处,我们的效率就会比别人高。再者,如果我们愿意首先找出自己的问题并道歉,而不是把责任推给对方,对方见到我们这样客观,也愿意一起合作把困难解决。

陈贵生(Richard Chin,越南T恤及毛衫厂生产及运营副总裁)

有人说对员工要用强硬手法去推动,而在晶苑则以软性的方式推动。事实上,我软硬两种方式都试过。以往用强硬的方法,总是冲不破一些难关,后来我发现原来瓶颈其实就是自己。进了晶苑之后,我改用软性方式,基本上我用力不多,但业绩却自然地出来了,这证明人还是用软性的方式去鼓励,比较容易出效果。

罗先生与众不同，外面的老板认为给员工一个合理的待遇，员工就要为你卖命，做得好是应该的。罗先生的想法就很不同，他会去关心员工，照顾大家的心灵需要。

卢永盛（Eddie Lo，内衣部总裁）

晶苑是一家可持续发展的公司。无论是员工的职业前途，还是公司的业务，都坚持可持续发展方向。

罗先生经常问同事：什么时候可以做到世界第一？他并不是给我们压力，而是希望大家反省有哪些地方可以改进，例如生意的规模、利润、管理方式等。

晶苑很重视员工的生活需要。由于我们这一行业工人众多，需要花费些时间去计算每个人的工作量，某些工厂发薪就会因此延误，但晶苑却规定，一定要准时发工资给员工，不可延误，并且真的做到了这点，故此很受员工欢迎，对降低离职率很有帮助。我们对供应商也一样，只要对方没有差错，我们一定准时付款，因为现在电子系统很先进，资料进入电脑后，便能很快做到。

由于员工众多，未能尽录。

跋

兼容并蓄，获益良多
——向曾启发我者致意

晶苑之所以能发展出"大我为先"的理念，其实和我的先天性格、生活背景、周围环境、人生历练等都分不开，所经大小事、所遇各种人，均有助我启发思维，令我获益良多。谨此向以下对我影响最大的几位良师、益友、挚亲致以衷心的谢意。

● **罗定邦先生**

我父亲罗定邦先生，自小对我信任有加，授权照顾弟弟妹妹，甚至放心让我一人带领他们迁居调景岭。其放权信任、鼓励我独立自强的态度，对我影响颇深。

我在父亲所办工厂工作期间，他除自行管理生产外，其他一切事务，如销售、接单、送货、收款等均交我一力担当，助我熟悉工厂各种运作。而在我自立门户时，他更曾出资入股，助我成功创业。

他常常鼓励子女："我们姓罗的，是行的！"令我充满

跋：兼容并蓄，获益良多——向曾启发我者致意

信心和斗志。

我亦极为欣赏父亲乐善好施之心。他捐助贫苦大众，在内地兴办多家学校，常予我"取诸社会，用诸社会"的教诲。以父为范，尤其是自己读书不多，我更明白教育之重要，故亦多做助学、敬老与扶贫善行。

父亲晚年罹患癌症，身心非常痛楚，但却表现出坚强与忍耐，在人前从不言苦，令我非常敬佩。

● **柳井正先生**

柳井正先生是晶苑的重要客户，也是我最尊重的朋友。他不但支持我们的生意，更重要的是影响了我们的思维模式。这其中包括以下八个大项：

1. 注重消费者之利益、对消费者负责任之态度。以相宜价、高品质，提供任何人都适合之时尚产品。
2. 对品质要求比其他任何服装品牌零售商高。
3. 梦想优衣库成为世界第一之服装零售品牌，在他努力坚持下逐渐实现。
4. 对自己及团队，包括供应商之要求很高。
5. 不说花言巧语，守承诺，言出必行。
6. 他视供应商为战略性伙伴，他对工厂采取负责任的态度。大家有商有量，生产有计划，实事求是。他们团队对工厂的能力很了解，而我们工厂也针对优衣库的

要求不断改善，令他无后顾之忧。
7. 九败一胜之精神。
8. 永远在寻求创新，寻求突破。

● **马丁·特拉斯特先生**

马丁本为晶苑的客户，后来成了晶苑在中国设厂的合作伙伴。通过合作，我才有机会见识其西方管理方式，对我影响深远。

他的公司以极高透明度管理，甚至我们视为商业秘密，包括利润等敏感资料都可以在年会上公开谈论，让我见识到其中的优秀之处。见贤思齐，晶苑因此迈向企业化管理。

● **美国前副总统戈尔先生**

当年在飞机上，看到由他主持的纪录片《绝望真相》，讲述气候变化对全球环境和气候的影响，令我深感推行环保之迫切，因而走上可持续发展之路。

● **罗蔡玉清女士（罗太太）**

她是我最重要的亲人，一直支持我，妥善照顾家庭及公司。

在公事上，她是一位作风稳健的人，公司财务在她的严谨管理之下稳定而健康。私底下，她是能干的贤内助，把家庭照顾得井井有条，培育三子一女成才。

我特别感谢她，愿意事事以我为先，并为我而改变自己。

她还认同"大我为先"的理念。在她支持下，晶苑由一家家庭式经营的公司成功转型为一个现代化管理的跨国企业。

- 罗正亮

我的长子，现在是晶苑集团的行政总裁。他属稳中求变的人，期望明天会比今天更好。他的执行力非常强，所推数据化及科学化管理，正好与我的愿景相符。他以现代化管理方式，制定切实可行的五年及十年计划，令晶苑逐步实现成为世界第一之制衣企业的愿景。

- 罗正豪

我的四子，将会成为罗正亮的接班人。他心地善良，智商很高，学习能力很强，待人处事很有耐性，常常正面积极地看待问题，甚至不介意吃亏。

他从小是"问题儿童"，经常发问，却不时充当家庭关系的润滑剂，以化解我与罗太太间的矛盾。他甚至常提醒我身为一家之主，要有承担，要为家庭和谐努力尽责。

鸣谢

感谢以下各位对本书编撰工作之支持,排名不分先后。

- ◆ 柳井正先生——日本迅销有限公司主席兼首席执行官。
- ◆ 陈裕光博士——大家乐集团前主席,传承学院荣誉主席,美国《商业周刊》"亚洲之星"大奖得主。
- ◆ 陈志辉教授——香港中文大学市场系教授、逸夫书院院长、行政人员工商管理硕士课程主任。
- ◆ 马丁・特拉斯特先生——万事达(远东)有限公司前主席兼总裁,特拉斯特家族实业有限公司(Trust Family Industries Ltd.)主席。
- ◆ 潘彬泽先生——德永佳集团董事长。
- ◆ 尹惠来先生——互太纺织控股有限公司主席兼行政总裁及执行董事。
- ◆ 何伯欣先生——欣明实业股份有限公司董事长。
- ◆ 林宣武先生——香港纺织业联会名誉会长,美罗针织厂(国际)有限公司董事总经理。

- 杨国荣教授——香港制衣业训练局总干事。
- 陈梁才先生——汇丰银行工商业务主管。
- 《大我为先》晶苑集团出版督导委员会成员：罗蔡玉清、罗正亮、王志辉、黄星华和郑伦敦。
- 《大我为先》晶苑集团出版工作小组成员：刘炳昌、丁自良、赵玉烨、黄绮丽、黄敏仪、雷春、刘朝晖和莫美宝。
- 数十位晶苑集团内曾接受本书整理者访问的管理人员及员工。